Du même auteur

Romans

L'Ambitieux, Grasset, 2020.
La Vengeance du loup, Grasset, 2019.
Un homme en fuite, Laffont, 2015.
Rapace, Le Cherche Midi, 2012 ; Archipoche, 2015.
Le Crépuscule des héros (trilogie), France Loisirs, 2010.
Fragments d'une femme perdue, Grasset, 2009.
Petit prince du désert, Albin Michel, 2008.
J'ai tant rêvé de toi (avec Olivier Poivre d'Arvor), Albin Michel, 2007.
Disparaître (avec Olivier Poivre d'Arvor), Gallimard, 2006.
La Mort de Don Juan, Albin Michel, 2004 (prix Maurice Genevoix).
J'ai aimé une reine, Fayard, 2003.
Un enfant, Albin Michel, 2001 (prix des Lecteurs du Livre de poche).
L'Irrésolu, Albin Michel, 2000 (prix Interallié).
Petit Homme, Albin Michel, 1999.
La Fin du monde (avec Olivier Poivre d'Arvor), Albin Michel, 1998.
Une trahison amoureuse, Albin Michel, 1997.
Un héros de passage, Albin Michel, 1996.
Les Loups et la bergerie, Albin Michel, 1994.
La Traversée du miroir, Balland, 1986 ; Fayard, 2006.
Le Roman de Virginie (avec Olivier Poivre d'Arvor), Balland, 1985 (prix des Écrivains bretons).
Deux amants, Lattès, 1984.
Les Enfants de l'aube, Lattès, 1982.

Suite en fin d'ouvrage

à l'ami William

La Bretagne au cœur

Bien fidèlement

Patrick

Patrick Poivre d'Arvor

La Bretagne au cœur

éditions du
ROCHER

Éditions du Rocher
28, rue Comte Félix Gastaldi — BP 521 — 98015 Monaco

www.editionsdurocher.fr

ISBN : 978-2-268-10433-1
EAN Epub : 9782268104584

À mes ancêtres Keraudren

« Mon âme que ferons-nous de toutes souvenances
en notre cœur meurtri dépenaillé
j'ai perdu ma jeunesse et ma lance
les feux se sont éteints au verglas des absences… »

Xavier Grall

« Multiple dans son unité secrète »

Je suis né et j'ai grandi à Reims. Longtemps, chez moi, la Bretagne a été d'abord un manque. Que je n'ai eu de cesse de combler.

Pourquoi cet amour fusionnel pour la Bretagne alors que je n'y suis pas né ? Mon père était originaire du Trégor et c'est à Trégastel, dans notre fief familial, que j'ai passé tous mes étés dès l'âge de trois ans. Toute l'année, je me languissais de la Bretagne. J'attendais avec impatience les vacances scolaires. Là-bas, je passais deux mois merveilleux, un enchantement. Je crois que ce "déracinement" m'a permis d'être plus breton que les Bretons ! Pour eux, est breton celui qui peut se revendiquer du droit du sol, celui qui se revendique du droit du sang, mais aussi celui qui se revendique du droit du cœur. Or je peux l'affirmer – et j'en suis fier et heureux : j'ai la Bretagne au cœur. On voit bien que la Bretagne est une terre d'accueil depuis toujours… Pour la remercier, je lui devais de la recueillir entre ces pages qui se veulent balade, flânerie, itinérance mémorielle, pour parler comme ceux qui nous gouvernent…

Longtemps j'ai hésité à arpenter avec mes mots, une nouvelle fois, cette terre de Bretagne qui m'est si chère. J'ai publié, dans le passé, deux ouvrages célébrant le pays de Chateaubriand : *Les 100 mots de la Bretagne*, dans la collection Que sais-je ?, et un livre illustré. Avais-je tout dit ? Me serait-il possible d'ouvrir de nouveaux horizons ? Je me suis alors souvenu du mot de Xavier Grall, ce poète merveilleux, dans *Le Cheval couché* : « La Bretagne, multiple dans son unité secrète. » Xavier Grall me parle et m'incite à reprendre la plume. La Bretagne n'est pas un sujet qu'on épuise. Elle se découvre, à qui sait l'apprivoiser, et se redécouvre sans fin. Partant de Trégastel, mon fief intime et familial, où j'aime vivre, lire, aimer, j'ai choisi de me balader le long des côtes, au large et au cœur des terres, et je vous invite à la rencontre des paysages, des silhouettes, connues ou inconnues, que j'admire. Parcourant les contrées bretonnes et voguant sur les flots, prenant le temps de regarder, de me poser, d'écouter (les mots, mais aussi le vent, l'écume), je suis au plus près de mes émotions, de mes passions. Qu'il me soit permis, chapitre après chapitre, de vous les faire partager…

Vue(s) de chez moi

Le 1er mai 1847, Gustave Flaubert quitta Paris avec son ami Maxime Du Camp pour entreprendre un voyage en Bretagne, se promettant d'écrire un journal de bord qu'ils intitulèrent *Par les champs et par les grèves*. Quand ils arrivèrent dans le Trégor, Du Camp écarquilla les yeux : « Sauf la route stratégique, on ne trouvait guère que les chemins creux surplombés par les haies dont les ronces et les clématites s'entrelaçaient autour des houx, pur langage celtique ; maigre bétail, culture enfantine, bourgades délabrées, insouciance, superstition, misère… » Quel tableau ! Merci pour l'inculture, le délabrement et la misère !

Cent soixante-treize ans plus tard, j'aurais bien organisé un nouveau voyage pour nos deux amis qui, entre-temps d'ailleurs, se brouillèrent après un périple en Orient. Ils y verraient que, dans cette avancée extrême de l'Occident européen, on a beaucoup bougé. Le bétail s'est remplumé, un peu trop d'ailleurs au goût des défenseurs de l'environnement qui lui reprochent de déverser son lisier dans les rivières et donc dans la mer, d'où les algues vertes... Ils y découvriraient également que les chemins creux sont devenus autoroutes, routes à quatre voies ou lignes de TGV. Nos villes, quant à elles, sont parmi les plus belles de notre « cher et vieux pays », ancrées dans leur histoire et ouvertes sur la modernité, des villes où, comme l'affirment les publicitaires et les sondeurs, « il fait bon vivre » et où, comme l'écrit le poète, l'on sait « prendre garde à la douceur des choses ». Ils y apprendraient surtout que la culture bretonne, loin d'être enfantine ou bécassine, y est aujourd'hui d'une richesse inouïe. Tant sur le front de la littérature que des musiques populaires, du spectacle vivant ou de l'architecture.

On ne peut en revanche reprocher à l'auteur du *Dictionnaire des idées reçues* d'avoir été saisi par « le pur langage celtique », cette langue bretonne, enseignée dans les écoles Diwan à des chérubins curieux de tout, que j'entends encore de-ci de-là dans la bouche de toutes les générations, de 7 à 77 ans. En ce XXIe siècle, « le pur langage celtique » est toujours inscrit dans la mémoire de mon Trégor, un paysage à nul autre pareil, où galopent légendes et onirisme au milieu des bruyères, des fougères, des ajoncs et des genêts.

C'est là, entre Trégastel et Ploumanac'h, que, peu de temps avant la Révolution, des marins pêcheurs bâtirent une petite maison dans laquelle j'ai élu domicile depuis une quarantaine d'années. C'était pour moi un retour à l'enfance, cet état d'esprit si précieux que Bernanos plaçait au plus haut de l'âme humaine. Cette maison, je l'ai approchée pour la première fois alors que j'avais à peine trois ans. Nous venions en famille à Trégastel, logeant dans des hôtels qui avaient pour moi le charme d'une cour de récréation. Quand j'arrivais, j'étais un enfant heureux, je me sentais en liberté après dix mois passés entre des murs trop gris. Mon imagination galopait jusqu'aux rivages de la mer et jusqu'aux murs de cette maison qui allait devenir mienne des années plus tard. Une maison alors occupée par une vieille dame peu accommodante qui me fascinait. Elle se nourrissait uniquement de berniques et de vin blanc, et vivait entourée de poules, de cochons et d'une cane qui me paraissait géante, comme sortie d'un livre illustré. Déjà, la Bretagne était mon sanctuaire.

J'ai baptisé ma maison : Crech Maneger Noz. Crech, parce qu'elle est située sur un chaos de rochers roses issus d'une des nombreuses secousses telluriques que connut la Bretagne. Et Maneger Noz parce que cela évoque « le lutin qui brouille le crin des chevaux la nuit ». Un lutin qui court les landes et les grèves, à la nuit tombée, comme les korrigans, les célèbres feux follets de chez nous. Ils sont partout, seuls ou en groupe, serviables ou facétieux, mais toujours présents. Ces gnomes espiègles ou vifs ont une allure humaine, mais ils sont de toute petite taille. On ne les repère pas facilement entre menhirs et dolmens ou dans les sous-bois. Peu actifs en hiver, les korrigans se calfeutrent sous terre ou au creux des arbres. Aux beaux jours, ils deviennent plus familiers, effrontés, sans cesse disposés à taquiner l'incrédule. Certains se glissent même dans les maisons pour y faire des farces à leurs occupants, voire les effrayer. À mon avis, ils ont dû bien se moquer de Gustave Flaubert et de Maxime Du Camp…

Est-ce pour ces korrigans espiègles que j'ai fait bâtir, surplombant ma maison, à cheval entre deux larges cyprès, cette cabane en bois qui me sert de bureau et de bibliothèque ? Est-ce pour qu'ils m'accompagnent, à la nuit tombée, dans mes rêveries et souvenirs mélancoliques ? Est-ce pour qu'ils inspirent mes mots alors que les premières pages d'un roman s'esquissent ? Est-ce pour qu'ils me livrent les secrets et mystères de leur Bretagne ? Cette cabane était un rêve d'enfant. Je l'avais évoquée, avant même qu'elle n'existe, dans *Un héros de passage*, un roman paru en 1996. Trois ans plus tard, sur la recommandation de son beau-frère, mon ami Yann-Arthus Bertrand, l'architecte Alain Laurens, l'auteur de *Vivons perché*, a construit ce trésor d'imagination avec ses Compagnons du devoir et m'a permis de réaliser mon rêve. Pour me reclure dans ma cabane, mon petit palace de bois à treize mètres du sol, il me faut gravir les soixante marches étroites d'un escalier en colimaçon, véritable œuvre d'art, simple et naturelle. Là-haut, accoudé à la rambarde, la vue qui s'offre à moi est une splendeur : l'entrée de la Baie Saint-Anne, celle du port de Ploumanac'h, la campagne si tranquille de Trégastel et le lac des Cygnes en contrebas. Le vert des feuillages et le bleuté de la surface de l'eau. Pas un seul clou n'a été planté dans les arbres pour monter cette cabane. D'ailleurs, quand le vent souffle fort, elle se met à tanguer, comme la gîte sur un bateau. Ces mouvements parfois brusques me montent sur ressorts, me font tourner la tête et me grisent. Mais peut-être est-ce bon d'avoir le mal de mer quand on aime et qu'on écrit des récits d'aventure ?

Il y a quelques années, j'ai surajouté une dunette sur la terrasse de ma cabane. Elle me permet de gagner encore cinq mètres de hauteur, et de pouvoir contempler mon château, fantasmé depuis l'enfance : Costaérès. Passé un petit blason gravé dans le bois, au motif de la Cabane perchée – un clin d'œil au *Baron perché* d'Italo Calvino, un de mes livres de chevet –, l'intérieur s'ouvre sur un décor que j'ai voulu rustique. À côté du canapé de coton blanc, où j'aime me laisser envahir par la nostalgie des choses perdues, des atlas et des cartes anciennes, datées des XVIIe et XVIIIe siècles, s'accumulent sur les étagères. Ainsi, mon imaginaire peut naviguer en toute liberté sur les traces des flibustiers de jadis, ces héros intemporels. Sur mon bureau, jouxtant les premières pages d'un prochain roman, d'autres accessoires qui me sont indispensables déclinent la thématique de ma passion maritime : un globe terrestre, une lampe-tempête, une épaisse poulie en bois. Là encore, ils sont la matière brute et première de mes rêveries, de mes plongées dans un lointain passé qui forge, chaque jour, mon bel aujourd'hui et dessine des horizons d'aventures. Ces instruments sont aussi des objets de mon quotidien, dont je me sers souvent. La poulie, par exemple, me permet de remonter des livres, ou de me faire servir un encas ou un verre sans avoir à descendre l'escalier. L'enfant contemplatif que je fus devient « homme pressé », à la Morand, quand les phrases sont au rendez-vous de l'inspiration, naissent, prennent forme et se posent sur la page blanche. Il m'est alors impossible de quitter le ciel des mots, cette cabane où, en artisan de la littérature, je tente de transformer le plomb en or du temps. Conservée au fond du jardin, ma bibliothèque est mon trésor à peine caché. Riche de plus de vingt mille volumes, répartis entre Trégastel et mon domicile parisien, elle prolonge naturellement ma passion pour la Bretagne et ses héros, réels ou imaginaires. On y trouve pêle-mêle livres de voyages, légendes celtiques, récits de la quête du Graal et recueils de poèmes – à commencer par ceux de mon grand-père, Jean d'Arvor, natif d'Auvergne et épris de Bretagne. On y trouve aussi toutes ces plumes qui, d'une époque l'autre, ont déniché, telles des pépites, dans cette terre bretonne et dans les paysages, le sel de leurs écrits. Je vous reparlerai de Chateaubriand et de Georges Perros, de Xavier Grall et de Jean-Edern

Hallier, de Guillevic et Saint-Pol-Roux. Et de tant d'autres. Je vous en reparlerai tant ils ont forgé l'âme et le cœur du Breton que je suis.

Soumise au grand flux d'ouest comme aux forces cosmiques, la Bretagne est un pays de légendes, entre rêve et réalité. Au fond, le roi Arthur et ses chevaliers de la Table ronde sont toujours parmi nous. Que recherchaient-ils ? Le Graal, cette coupe d'émeraude sans âge qui servit à la Cène et dans laquelle Joseph d'Arimathie recueillit le sang du Christ expirant sur la croix. Le conseiller et ami du jeune roi, Merlin l'Enchanteur, magicien bienveillant des légendes celtes, fut à ce point aimé de la fée Viviane qu'elle en perdit la tête. Forte des sortilèges appris de la bouche même de Merlin, elle l'envoûta à la fontaine de Jouvence, après avoir rajeuni ses traits. Puis elle l'emprisonna pour l'éternité dans neuf cercles magiques durs comme le roc. Et voilà pourquoi la Bretagne est éternelle…

La Bretagne, et singulièrement le Trégor, au nord des Côtes-d'Armor – naguère Côtes-du-Nord –, ensorcelle le voyageur (sauf s'il est atteint de bovarysme) par le spectacle de ces furieuses épousailles entre la mer, en général agitée, et la côte, le plus souvent déchiquetée.

Enfant, on me disait que la ville d'Ys avait été engloutie là, au large des Sept-Îles, et qu'on pouvait encore entendre, les jours de brume, les cloches de sa cathédrale. Plus tard, on m'apprit que c'était plutôt dans la baie de Douarnenez… Mais qu'importe ! Tout au long des grèves trégoroises, entre Plestin et Paimpol, on raconte encore que le chant mélodieux et le long corps dévêtu des sirènes, à la blonde chevelure entremêlée d'algues, captivent toujours pêcheurs et matelots. Elles les entraînent sous la mer, vers leur palais de corail et de diamants où ils se noient. D'où la multiplicité de calvaires qui, sur nos côtes et nos chemins, tendent leurs bras vers le ciel en implorant son pardon. Les Bretons entretiennent un rapport très étrange avec la mort, fait de respect mais aussi de proximité. Dans le Trégor, un grand nombre de rites sont liés à l'idée du passage. L'Ankou, ce funèbre personnage représenté par un squelette armé d'une faux, est souvent sculpté sur les ossuaires. La tradition veut qu'il erre la nuit sur un chariot grinçant. Si l'on en perçoit le bruit ou, pire, si on le croise, c'est signe que la mort est prochaine.

Cet Ankou si diabolique rôde tout autour de l'une des plus belles cathédrales bretonnes, Saint-Tugdual, à Tréguier, la capitale historique du Trégor. C'est là que reposent Jean V de Bretagne et saint Yves, le saint patron des Bretons… et des avocats. Yves, comme *Mon frère Yves* de Pierre Loti qui a par ailleurs si bien raconté la ville voisine de Paimpol. Un roman, lu, relu, tant cette histoire d'amitié entre deux hommes que tout oppose, l'officier de marine Julien Viaud et son frère de substitution, le matelot Yves Kermadec, me fascine par sa force. Un roman avec lequel j'entretiens un rapport très intime, puisqu'il m'a permis de réaliser mon premier film ; un autre rêve d'enfant, qui s'est concrétisé en 2012 et m'a permis de retrouver mes terres bretonnes. Si l'action du roman de Loti se déroule à Brest, je n'avais pu y poser ma caméra. La ville ayant été détruite par les bombardements pendant la Seconde Guerre mondiale, il m'était compliqué d'y retrouver l'atmosphère fin XIXe siècle que je recherchais. C'est donc à Saint-Malo – pour les scènes maritimes – et à Dinan que j'ai tourné, entouré d'une merveilleuse équipe de figurants locaux.

Juste à côté de Saint-Tugdual se dresse la maison natale d'un autre écrivain majeur, également philosophe et historien, Ernest Renan, injustement oublié de nos jours, alors qu'il nous a laissé des chefs-d'œuvre tels que *Qu'est-ce que la nation ?* ou encore son *Histoire des origines du christianisme* en sept volumes, lui qui n'a cessé de célébrer la Bretagne, dont il parlait la langue, dans des ouvrages comme *L'Âme bretonne* ou son autobiographie, *Souvenirs d'enfance et de jeunesse*.

Aujourd'hui, la capitale économique du Trégor se nomme Lannion, avec ses superbes maisons à colombages, mais aussi son technopôle particulièrement inventif en matière de nouvelles technologies. Tout près de là, à Pleumeur-Bodou, le radôme a permis la première liaison par satellite entre la France et les États-Unis. Le général de Gaulle y avait fait, pour l'occasion, le déplacement. En étoile tout au long de cette immense localité qu'est Pleumeur, on retrouve les joyaux du Trégor : Trébeurden, L'Île-Grande, Trégastel, Ploumanac'h, Perros-Guirec, Port-Blanc, Penvénan et Plougrescant. Et, au large, les Sept-Îles qui protègent la côte de leur bienveillance. J'aimais rendre visite aux gardiens du phare de l'Île-aux-Moines, comme à ceux des Triagoz, du temps où ils n'étaient pas encore automatisés. C'est de cette hauteur-là, à une altitude d'albatros, qu'il faut contempler au loin grèves et landes, lutins et korrigans. Et s'il vous plaît, ne restez pas incrédules. On est en Bretagne, le pays de la mer. Et celui de la fin de la terre.

Ma fin de la terre

Et si Salvador Dali, ce génie fantasque, s'était trompé ? Et si le centre du monde, son cœur battant, n'était pas la gare de Perpignan, comme il l'avait proclamé, mais la pointe Saint-Mathieu qui illustre la couverture de ce livre ? Ma balade en Bretagne ne peut commencer ailleurs. Fin de la terre, face à la mer. Un territoire d'écume et de vent violent, aux falaises escarpées et à la couleur du ciel unique, que le soleil s'en mêle ou pas. Un territoire qui se mérite, étape extraordinaire, par la majesté du paysage offert, d'un pèlerinage géographique et sentimental, pour qui possède la Bretagne au cœur.

Me voilà en gare de Brest, après un voyage passé entre lecture et écriture. J'ai la passion des trains, qui sont mes bureaux itinérants et le berceau de mon imagination. Sur les rails, le temps n'a plus de prise sur moi et je sais que je parviendrai dans de beaux ports d'attache, qui seront le tarmac d'autres fugues. Brest est de ceux-là. J'entretiens avec cette ville un rapport charnel. Bien loin de ceux qui, trop longtemps, n'ont vu en elle qu'une métropole grise détruite pendant la Seconde Guerre mondiale et mal reconstruite. Et je suis heureux de voir, aujourd'hui, que Brest ne cesse de figurer en belle position dans ces fameux classements annuels des « villes françaises où il fait bon vivre ». Brest me prend au corps dès que j'y débarque. Il m'est impossible d'oublier le réconfort immédiat, un jour très précis et particulier, qu'elle m'a apporté. C'était en juillet 2008. Le 10 juillet, je présentais sur TF1 mon dernier journal télévisé, ayant appris peu de temps auparavant que j'étais évincé pour des raisons hélas bien peu journalistiques. Étais-je ainsi puni, comme me l'avait suggéré mon patron, pour avoir fait remarquer à l'un de nos présidents de la République que, lors d'un rassemblement du G8, il semblait un peu excité, comme un petit garçon dans la cour des grands ? Au fond, peu importe… Le jour suivant cette brutale éviction, j'étais à Brest, invité par la ville à être un des parrains de cette extraordinaire manifestation maritime, renouvelée tous les quatre ans, dédiée aux vieux gréements, qui s'est appelée un temps Tonnerres de Brest avant d'être baptisée, un peu trop sérieusement à mon goût, Fêtes maritimes internationales. Alors que je voguais en rade de Brest, entre une grande jonque d'une douzaine de mètres de la baie d'Along, de longues yoles appelées bateaux dragons et des bateaux paniers réalisés à l'aide de lattes de bambou, je m'éloignais de la petitesse d'âme de certains représentants du genre humain et j'étais heureux. Brest et l'océan, ce jour-là, m'ont ancré dans mon essentiel.

J'ai des souvenirs de la ville comme j'ai des souvenirs d'amour, pour reprendre la belle formule de Valery Larbaud dans les *Poésies de A.O. Barnabooth*.

Un plateau de fruits de mer somptueux, agrémenté d'un pouilly fumé fameux, dégusté en exquise compagnie à la Maison de l'Océan, sur le port de Commerce.

Des concerts, des pièces de théâtre, des ballets vus au Quartz, une parmi les plus belles et dynamiques scènes artistiques françaises, dirigée des années durant avec maestria par ce grand homme de culture qu'est Jacques Blanc, arrivé un jour de l'année 1988 presque par hasard en cette terre bretonne avant d'être aimanté par les lieux et de devenir plus brestois que bien des natifs de la ville.

La vue imprenable, depuis le vieux pont de Plougastel condamné, uniquement accessible aux marcheurs et aux curieux, sur une campagne verdoyante, qui offre à la France, ici, les plus succulentes fraises, les garriguettes, et au loin, par-delà l'arsenal et ce qu'il reste du port militaire, sur le goulet, sur la rade et ses flots tantôt apaisés tantôt houleux.

Une balade estivale m'emportant, d'un pas léger, du haut de la rue Jean-Jaurès au bas de la rue de Siam et ses fontaines, ces deux longues artères que sillonne désormais un tramway et qui sont le cœur battant de la ville.

Les heures passées dans ce paradis de la littérature et des mots qu'est la librairie Dialogues. Soit comme lecteur affamé de découvertes et de pépites – et il m'a toujours été impossible de ne pas ressortir de ce lieu magique les bras chargés de livres –, soit pour y présenter, face à un public attentif, un ouvrage dans le cadre chaleureux du café installé au centre de la librairie. Des discussions passionnantes avec Charles Kermarec ont toujours suivi, passant des écrivains voyageurs aux héros des mers, de Saint-Exupéry aux poèmes de Rimbaud, avec quelques incursions dans la sphère fantasmatique qu'est la présentation de cette grande messe télévisuelle du 20 Heures. Toujours avec discrétion, puisque le Breton porte sa pudeur à la boutonnière, telle une élégance suprême. L'élégance, chez Dialogues, a longtemps été incarnée par Marie-Paul Kermarec, cofondatrice de la librairie avec son frère Charles. Discrète, simple et modeste, « amie bonne comme une vraie Bretonne », selon la formule de Michel Serres, qui était un proche, elle avait dédié sa vie aux mots, aux écrivains, à la littérature. Sa passion, qu'elle transmettait comme nulle autre, telle une passeuse. Un jour de l'année 2007, âgée de 55 ans, Marie-Paul s'en est allée. Comme on le dit toujours avec pudeur : « des suites d'une longue maladie ». Qu'elle avait su cacher jusqu'à la dernière heure. Souvent, je repense à Marie-Paul et à ce que disait d'elle Jean-Yves le Disez, doyen de la faculté Victor Segalen : « Elle était comme l'incarnation de ce qui nous fait tant aimer cette ville. » Marie-Paul Kermarec m'a fait aimer, plus encore, Brest. Elle nous manque.

Alors que je faisais une halte au cabaret Vauban, avenue Georges Clemenceau, je découvre cette chanson devenue l'écho sentimental, mélodique et poétique de la ville : *Brest*, de Christophe Miossec. Chaque mot résonnait en moi, me parlait intimement. Le vent dans la rue Jean-Jaurès. La rade, le port, ce qu'il en reste. La rue de Siam, ses nuits d'ivresse. La Recouvrance, que l'on délaisse. Et cette phrase inaugurale : « Est-ce que désormais tu me détestes d'avoir pu un jour quitter Brest ? » Comme le pensait Michel Audiard : il ne faudrait jamais quitter Brest, cette ville où « même la terre part à la renverse », cette ville qui a la grâce douce et sauvageonne de cette chanson de Miossec, reprise plus tard par Nolwenn Leroy.

Mais ne perdons pas la route de la pointe Saint-Matthieu, même s'il est tellement agréable, parfois, de s'égarer quelque peu, choisir « le chemin des fugues », pour reprendre le titre d'un roman de Philippe Lacoche, avant de retrouver sa direction.

Je laisse Brest derrière moi et décide de suivre les plages qui bordent la côte. Le Petit Minou est la plus sauvage, là où les surfeurs de la région aiment défier les vagues. Je n'ai jamais pratiqué cette discipline, mais j'apprécie le spectacle qui s'offre à moi, manière de danse aquatique, mêlant force, agilité et grâce. Et l'envie, souvent, me vient de me joindre à eux, à la nage, de batailler avec la mer avant de me laisser happer par elle. J'y ai le souvenir d'un jogging avec une fille exquise que l'on ne peut résumer à son écharpe de miss France : Laury Thilleman.

Quelques kilomètres plus loin, je fais une halte à Trégana où, à l'abri des rochers, il est agréable de paresser sur le sable doux, en voisin de jolies demoiselles à la peau hâlée qu'embrassent, après la baignade, des soupirants aux cheveux pleins de sel. C'est sur cette plage qu'une certaine jeunesse aime s'encanailler, quand la nuit tombe. Feu de camp, musique et volutes interdites s'invitent alors à Trégana, jusqu'au petit matin. Je n'oublie pas, alors, que c'est à la belle étoile, en bord de mer, que la vie se croque à pleines dents encore juvéniles.

Après Trégana, le Trez-Hir semble m'ouvrir ses longs bras de sable. Situé sur la commune de Plougonvelin, mais je préfère la poésie si féminine du nom de la plage. Trez-Hir : la longue plage, comme des jambes de femme dans une nouvelle de Paul

Morand. Longtemps, la bourgeoisie de la région a pris ici ses quartiers de la belle saison. ça n'a guère changé. Derrière de hautes haies taillées à la perfection, les demeures ont de la tenue et les jardins ressemblent à des piscines d'herbe vert d'eau. Veillant sur les lieux depuis son petit îlot, majestueux, le fort de Bertheaume est accessible à pied à marée basse, ou par une passerelle métallique. C'est Vauban qui, en 1689, a souhaité en faire le premier rempart de la rade de Brest – ne pas oublier que les Anglais, alors, ne cessaient de nous chercher des noises...

Voilà maintenant Le Conquet, si attachant, et ses embarquements pour Molène et pour Ouessant.

Après quelques kilomètres, enfin, la pointe Saint-Mathieu s'offre comme un coup de foudre visuel. Le ciel, ici, possède une couleur unique, qu'il se joue des bleus ou des gris, qu'il reflète un sourire de soleil ou montre sa colère, tous nuages dehors comme des dents acérées. L'océan, tumultueux ou apaisé, semble nous happer, du plus loin de ses flots. Avant de l'approcher, de sentir l'écume des vagues tenter de nous attirer, il s'agit de prendre son temps. Les bords de mer se méritent et je ne veux rien perdre de ces instants où, à chaque visite, la pointe Saint-Mathieu se réinvente pour moi.

Depuis ma dernière échappée belle, l'auberge de la pointe Saint-Mathieu a décroché sa première étoile au Michelin. J'ai souvenir de dîners merveilleux à cette table d'exception où Nolwenn Corre a pris le relais de son père, Philippe, derrière les fourneaux. Nolwenn a côtoyé des pointures de la gastronomie, tels que Yannick Alleno au Meurice ou Christian Le Squer (natif de Plouhinec, dans le Morbihan) au Pavillon Ledoyen. Elle revisite aujourd'hui avec grâce et originalité les beaux produits de la Bretagne : homard, langoustine, dorade, Saint-Jacques, palourdes, ormeaux des Abers. Un simple coup d'œil à sa carte me met l'eau à la bouche. Feuille à feuille de noix de Saint-Jacques, céleri, beurre blanc au Noilly Prat ? Ris de veau, langoustines « entre terre et mer » ? Merlan soufflé, châtaignes cuites à la cheminée, coques et note de merlan fumé ? Saint Pierre de « petit bateau », pousse-pied, chou-fleur et câpres ? Langoustines rôties au beurre cru, chou-rave mariné, sabayon aux crustacés ? Demi-homard dans l'inspiration d'un « pot-au-feu », butternut, couteaux et fruit de la passion ? Je ne saurai que choisir, tant chaque mets ouvre les papilles.

En détournant à peine les mots de Truffaut, prononcés par Jean-Pierre Léaud, dans *La Nuit américaine*, je peux affirmer : « La pointe Saint-Mathieu est magique ! » Et dans ce mot – magique –, comme dans un coquillage précieux, j'entends l'écho d'autres mots : envoûtante, mystérieuse, belle, sauvage, captivante, merveilleuse et plus encore. Au premier regard, le phare nous aimante. De sa hauteur de 37 mètres – il culmine à 58 mètres au-dessus du niveau de la mer – c'est lui qui nous contemple, bien plus que l'inverse. Comme tous les ouvrages de légende, il vient de loin. En 1250, les moines de l'abbaye allumaient un feu en haut d'une tour afin de guider les navires. Quelques siècles plus tard, en 1835, le phare est allumé. Il signale la route à suivre pour entrer dans le goulet de Brest, grâce notamment à son alignement avec le phare du Portzic. Électrifié en mars 1937, il est automatisé en 1996 et télécontrôlé depuis 2005. Il est classé au titre des Monuments historiques depuis novembre 2010. Le gravir est une expérience extraordinaire. Au bout des 163 marches, nos pupilles embrassent l'océan immense et majestueux, et l'horizon nous paraît infini. Le sémaphore, lui, a été construit en 1906, au bout de la pointe pour bénéficier d'une vue sur le goulet de Brest et le chenal du Four.

Que dire de l'abbaye ? Si elle n'est aujourd'hui que ruines, son charme mystérieux ne cesse d'opérer.

J'aime les légendes bretonnes qui la racontent, ces mots qui traversent le temps et se transmettent d'une génération l'autre. Relisons ce qu'en disait le moine Abgrall, en 1901 : « À la pointe extrême du Finistère, à cinq lieues à l'ouest de Brest, dans la paroisse de Plougonvelin, à trois kilomètres au sud de la petite ville du Conquet, se dressent les ruines de l'église abbatiale de Saint-Matthieu. C'est là que saint Tanguy, après avoir fondé l'abbaye de Gerber ou du Relecq, vint établir un autre monastère, à l'endroit même où la tête de l'apôtre saint Mathieu avait été débarquée par des marchands léonais qui l'avaient apportée du pays d'Égypte. Au-dessus des voûtes des chapelles absidales règne une terrasse en dalles de granit. Le reste de l'édifice est dépourvu de sa charpente et de sa toiture, et les murailles sont là en partie ébréchées, mais toujours solides et résistant vaillamment aux assauts des vents d'ouest. En dehors de l'église, au côté nord, quelques chapiteaux incrustés dans des pans de murailles, quelques arcatures indiquent le tracé de l'ancien cloître ; une longère de fenêtres et de lucarnes dessine la structure du réfectoire et du dortoir, quelques restes de murs marquent l'emplacement des bâtiments, des cours et des jardins de ce vaste monastère qui était à la fois abbaye et forteresse.

Tout autour s'était établie une vraie ville; il ne reste désormais que quelques chaumières formant un pauvre hameau. »

Les chaumières aujourd'hui sont de belles demeures et des corps de ferme sur lesquels les regards des visiteurs des lieux s'arrêtent, admiratifs. Après avoir scruté l'océan qui s'étire à perte de vue, il est temps d'aller se recueillir au mémorial des marins morts pour la France, monument inauguré le 12 juin 1927. Là, sous le regard éploré d'une femme, mère ou épouse, qui surplombe la stèle à 17 mètres de hauteur, descendant les escaliers qui mènent à la crypte, l'émotion happe le corps tout entier, serre la gorge, et j'exhume les mots de Georges Leygues, ministre de la Marine : « Tous les points du littoral français paraissent dignes de l'honneur de glorifier les marins disparus. Mais il en est un qui se désigne par lui-même, c'est la pointe Saint-Mathieu, qui s'avance comme une proue dans la mer. Les marins disparus dans l'abîme et n'ayant eu pour linceul que les flots de l'océan, ceux-là méritent que leur obscur sacrifice soit honoré à jamais. Nos marins ont monté la garde, pendant des années, sur des mers pleines d'embûches, cherchant un ennemi qui se dérobait mais qui rôdait sans cesse autour d'eux. Ils ont lutté contre la mine, la torpille, le canon, et contre les éléments souvent plus redoutables… leur cœur n'a jamais faibli. Nos marins de commerce ont fait preuve de la même énergie et du même courage. Ils ont accompli sans défaillance une tâche écrasante. Il faut que justice soit enfin rendue à tous ces braves et que le pays sache la reconnaissance qu'il leur doit. »

Combien sont-ils ces visages qui nous regardent plus encore que nous les regardons ? Quelles histoires nous racontent-ils ? Dans le silence de la crypte, j'entends les voix de chaque marin, de chaque navigateur, j'entends leur bravoure, j'entends les tempêtes bravées, j'entends la puissance des vagues, j'entends les bonheurs de la mer et ses tragédies, j'entends les coques brisées, j'entends les douleurs et les tristesses, j'entends les larmes des familles, j'entends le murmure d'une voix rocailleuse : « Ce n'est pas l'homme qui prend la mer, c'est la mer qui prend l'homme. »

Olivier de Kersauson

Qui, mieux qu'Olivier de Kersauson, incarne dans l'imaginaire de tous le pays de la mer et celui de la fin de la terre, le roc mêlé à l'océan ? J'ai une tendresse particulière pour "Kersau". L'Amiral à la proue de Geronimo. L'homme qui, tout autour du monde, défie les tempêtes et dompte les mers et les mots. Je le connais bien. Notre âme bretonne nous réunit. Peu importe le lieu ou les mers où il s'ancre ou vogue, l'envie de le retrouver souvent est pour moi la plus forte. J'ai gardé un mot que m'avait envoyé Yves, le neveu de l'Amiral, alors que je m'apprêtais à le rejoindre à Moorea, à quelques milles de Tahiti : « Je vous envie de pouvoir rejoindre Olivier en Polynésie. Vous êtes tous les deux les derniers tigres blancs aux innombrables talents, des natures bretonnes en granit, des hommes libres et persévérants qui peuvent être de véritables marchands de bonheur qui donnent tout à ceux qui savent recevoir. »

Olivier de Kersauson est devenu un monument, à son corps défendant, sculpté dans la roche comme les présidents américains. Il vit désormais une partie de l'année dans le paradis des requins blancs, juste à l'à-pic de la barrière de corail, tenu à distance des hommes, protégé par leur lagon bleu. Dans un premier temps, c'est à Moorea qu'il a mouillé l'ancre (et l'on dit bien mouiller et non pas jeter, nous rappelle Joseph Conrad dans *Le Miroir de la mer*, parce qu'on ne se débarrasse pas d'une ancre comme d'un vulgaire détritus). Par amour – ce n'est pas un secret – pour Sandra, qui est devenue religieusement sa femme, le 24 mai 2014, à Fakarava, un an après qu'ils se sont unis civilement à Brest. Aux côtés de Sandra, Olivier, cabossé par le décès brutal en 2005 de Caroline, sa première épouse et mère de leur fils Arthur, revit : « C'est une promenade enchantée, très promenade et très enchantée. C'est une grâce. » Quand il ne vit pas dans le paradis des requins blancs, Olivier de Kersauson retrouve un autre paradis, une autre fin de la terre : son manoir familial, manière de refuge intime, sis à Trebabu entre Plougonvelin et Le Conquet. Si, au grand large, par-delà les flots, Molène et Ouessant s'imposent aux regards aiguisés, Olivier a trouvé ici son île intérieure, celle où il se sent bien, le vieux repaire de ses ancêtres. Dans la cuisine, une cheminée monumentale lui réchauffe le cuir, qu'il a solide. Il y dévore des crêpes, qu'il tartine d'un miel rare en provenance de Nouvelle-Zélande. Dans une autre pièce, des meubles anciens, les portraits de ses ancêtres, des maquettes géantes de ses voiliers. Sur une table basse s'alignent des boîtes, un compas de marine et une subtile boule noire : une vieille noix de coco. Il s'agit d'un cadeau de son père, offert l'année de ses 10 ans. Et dans cette noix de coco, Olivier a perçu tout un monde : des pirates, la mer et des aventures. Olivier aime vivre ici et peu lui chaut que la Bretagne de son enfance ne soit plus celle d'aujourd'hui. Le ressassement du passé ne l'intéresse pas. Comme il le dit : « Ça a été, point barre ! » Sur son tracteur, il remue la terre comme il traçait en pleine mer. Il a planté près de cinq mille arbres dans le parc. La nuit, quand il ne dort pas, il se lève et écoute les bruits du dehors – les chats-huants, le vent dans les branches, les frôlements des bêtes, la mer, au loin, qui le console de tout. Olivier a organisé sa vie pour la voir, la ressentir intimement, la vivre.

Un peu plus enclin à se confier avec les années – ou bien est-ce par amitié marine et complicité bretonne –, il accepte souvent de lâcher les amarres pour évoquer, en ma compagnie, le sel et l'écume de sa vie.

Curieusement – et il ne m'en voudra pas de le révéler –, le Breton le plus populaire de France n'est pas né en Bretagne mais dans la Sarthe. Et depuis ses premières années, cela l'agace. Encore aujourd'hui, lorsque je le lui rappelle avec humour, l'insubmersible Kersauson baisse son regard bleuté, comme un enfant vexé. Presque attristé que sa terre de naissance ne soit pas bordée par les flots. Mais c'était la guerre, et pendant l'été 1944, il ne devait pas être aisé d'accoucher entre les bombes des armées allemandes et alliées.

Évidemment, dès la fin du conflit mondial, c'est là que se situent ses souvenirs initiaux, et ses premiers émerveillements ont pour nom le parfum des embruns, le bruit de l'eau et l'immensité pour un gamin de 4 ans. Il se remémore parfaitement ce jour où, pour la première fois, il embarqua sur un bateau de cinq mètres et fit sa première traversée entre Locquirec et Locquemeau, au nord du Finistère. C'est là qu'il eut l'intuition d'être à sa place, sur « le bord bleu du monde ». Là qu'il fallait être, et qu'il ne pouvait exister d'autres endroits ailleurs où il se sentirait si bien et si rempli de tout ce qui lui est essentiel.

Cinquante-cinq ans plus tard, à l'occasion d'une navigation bien plus longue, il refera cette même petite traversée, pour recréer sans doute cet instant magique, comme nous avons tous, au moins une fois, arpenté les chemins, les rues, les forêts de nos souvenirs d'enfance ; essayant de retrouver ce regard et cette sensation première.

Dès lors, ce n'est que vers la mer que son regard se tourne. Tout ce qu'il voyait, à chaque fois, ne lui plaisait jamais autant que la mer. Cette mer qui, à travers ses yeux, s'arrête là où la terre commence. Comme si la terre était un accident maritime : « La terre ne m'intéresse pas du tout. Sauf quand elle est frangée par la mer, alors elle est belle : un champ de blé agité par les brises marines où se mêlent l'odeur du blé qui est en train de mûrir et l'air frais qui vient de la mer, ça, c'est extraordinaire. »

L'école, le collège, le lycée ne l'intéressent pas davantage, d'autant que depuis les fenêtres de ses salles de classe, il ne voit pas la mer. Sans jamais avoir été insupportable ni rebelle, le jeune Kersauson est exclu à maintes reprises. Douze fois au dernier décompte. Et à chaque fois, l'ennui le saisit. Alors il se retranche dans les bibliothèques, lit tout et creuse, en sourit-il, son tunnel avec la conviction profonde qu'un jour, dès qu'il atteindra la majorité, il pourra rompre avec le monde et n'aura plus à obéir à quelqu'un qu'il n'aurait pas choisi.

La nécessité de rompre est une conviction chez lui. Car rompre est la condition *sine qua non* pour apprécier la compagnie des hommes et pour ne retrouver que le meilleur de ce qu'ils sont.

Quelques années plus tard, c'est Éric Tabarly qui le choisira. « Son patron ». Le maître. Celui au sujet duquel il écrivait qu'il avait « des lèvres minces d'où ne sortaient que des phrases coupantes, un sens romain de la concision et une œuvre qui restera. Éric a forcé l'admiration de plusieurs générations et condensé les plus grands chapitres de la voile hauturière. J'ai eu la chance formidable de parfaire mon métier avec un homme doué, on l'a peut-être oublié, d'une grande force créatrice ». Olivier parle souvent de ce bonheur pur qu'il avait eu à apprendre à ses côtés. Il fut sans aucun doute le seul maître qui sut lui dispenser un enseignement. Et c'est d'ailleurs avec ce regard d'enfant qu'il évoque toujours son apprentissage auprès d'Éric Tabarly et l'admiration qu'il avait pour lui. Sa passion, son intelligence de navigateur qui faisaient de lui le meilleur patron dont un jeune navigateur pouvait rêver.

Lorsqu'il nous est arrivé d'évoquer la mort de Tabarly, j'ai compris immédiatement au travers de ses silences à quel point il demeure bouleversé par sa disparition. Et d'autant plus par cette présumée « belle mort » dont beaucoup de gens avaient parlé à l'époque, pour un navigateur. Cela l'agace au plus haut point, fait affleurer sa colère, car il ne peut y avoir de belles morts. Des belles vies oui. Mais pas de belles morts. « La mort est obscène », insiste Olivier. Lui-même l'a frôlée à quelques reprises au gré des courses et des nombreux records qu'il a battus.

À la fin de son livre, *Ocean's songs*, il parle de la mort. « J'ai compris que je mourrai seul. C'est un geste d'amour de tenir la main de celui qui se débat dans les affres de la mort. Je ne me fais pas d'illusions : je finirai seul. Je suis accroché à ma solitude. Cela ne signifie pas que je suis complètement fermé à l'amitié, mais c'est mon plaisir d'être seul comme c'est mon plaisir de naviguer. » Cette solitude qui lui est si chère. Au milieu de laquelle, seulement, il sait qui il est. Et grâce à laquelle, quelquefois, il revient avec joie parmi les hommes.

Et puisque Olivier de Kersauson aime les lettres, qu'il me permette de rapprocher quelques-unes des pages d'*Ocean's Songs* d'une ode à la mer qui date d'il y a maintenant cent quarante ans, *Les Chants de Maldoror* d'Isidore Ducasse, comte de Lautréamont, inspirateur d'André Breton et des surréalistes.

« Vieil Océan, aux vagues de cristal, tu ressembles proportionnellement à ces marques azurées que l'on voit sur le dos meurtri des mousses ; tu es un immense bleu fait sur le corps de la Terre. Je te salue, vieil Océan ! [...] Tu es plus beau que la nuit. Réponds-moi, Océan, veux-tu être mon frère ? »

Yann Queffélec

Yann Queffélec, mon ami, mon compagnon de la fin de la terre. Mon camarade « écrivain de marine ». Cette association, cette bande d'amis surtout, fondée en 2003 par notre cher Jean-François Deniau, qui nous a quittés en 2007 comme tant d'autres camarades, beaucoup trop, que je garde vivants dans mon cœur et dès que mon regard se pose sur un horizon maritime : Bertrand Poirot-Delpech, Michel Déon, Simon Leys, Yves La Prairie, Michel Mohrt, Bernard Giraudeau, Pierre Schoëndorffer et tout récemment Jean Raspail.

Yann Queffélec, lui, heureusement, est bien vivant. Comme le sont tous ces autres amoureux de la mer et de la Bretagne. Car la Bretagne, c'est la mer, l'océan à perte de vue. Je ne peux tous les citer, qu'ils me le pardonnent, mais j'aime le sang océanique qui coule dans les veines de Sylvain Tesson et Isabelle Autissier, de notre président Didier Decoin et de notre secrétaire général François Bellec, de Patrice Franceschi et Daniel Rondeau, de Hervé Hamon et Loïc Finaz, d'Olivier Frébourg et Titouan Lamazou, sans oublier Anne Quéméré. Et Yann Queffélec. Un grand et beau vivant, comme j'en ai peu connu dans ma vie. Un animal marin tel qu'il se définit lui-même. Bien que né à Paris, il a la Bretagne, sa Bretagne, que je partage avec lui, chevillée au corps et au cœur. Elle est son pays, vers lequel, depuis l'enfance, il ne cesse de revenir ; semblable à ces marées qui bouleversent le paysage marin et le métamorphosent sans arrêt, tout en demeurant le même. Une Bretagne, qu'il chante comme personne : « Ma Bretagne est d'Armor, le pays dans la mer. Ma Bretagne fut un royaume, il n'y a pas si longtemps. Ma Bretagne est le pays des marins. Ma Bretagne n'oublie jamais les périls en mer. Ma Bretagne est le pays des femmes vraies, le pays des épouses et des veuves. Ma Bretagne est un pays qui chante à travers les âges. Ma Bretagne est le pays des écrivains. Ma Bretagne est le pays d'une langue bretonne qui faillit s'en aller d'une mort programmée par l'État – qui mourut quelque temps d'ailleurs, et qui lutte aujourd'hui pour sa résurrection. Ma Bretagne est le pays des lumières et des peintres, les mangeurs de lumière venus en chemin de fer à la Belle Époque comme Gauguin ou Méheut. Ma Bretagne est le pays des Pardons, la fête estivale du péché célébré sous la bannière de sainte Anne, bonne mère ! Ma Bretagne est le pays des souvenirs, les miens et ceux des anciens qui m'ont raconté l'Armorique d'avant les moteurs, la Bretagne mal aimée, vexée, réduite au silence, la Bretagne de Bécassine en délicatesse avec l'État français. Ma Bretagne est mon pays usuel, mon pays définitif, j'y naîtrai toujours. »

Enfant, chaque période de vacances est attendue par Yann comme une libération. J'ai connu ça. Paris, le grand appartement bourgeois du 14e arrondissement, en bordure du parc Montsouris, n'est qu'une escale avant de débarquer en famille à l'Aber-Ildut, dans le Finistère nord, dans la grande propriété familiale. Retrouver les cousins, les cousines, les copains, bien sûr, mais surtout retrouver la mer. Pour Yann, tout se déroulait à l'ouest et sur l'océan. Il n'avait que ces mots à la bouche : l'océan, le vent, l'ouest… L'est ? Ses mots font mouche : « C'était bon pour les vaches. »

La maison n'est séparée du rivage que de quelques mètres, et le petit Yann en fait son terrain de jeux et de rêves. Les photographies sont en noir et blanc, mais les échappées de Yann Queffélec sont en couleur et en stéréo. Tandis que le flux et le reflux se font entendre, les pieds dans la vase, il pêche la crevette ou le crabe, avant de plonger, de nager jusqu'à une épave, en escalader une autre, puis de s'arrêter un instant et rêver face à l'horizon. Pour recommencer encore.

Lorsqu'il m'en parle, lors de nos fréquentes rencontres, c'est du sang bleu iodé qui irrigue son cœur et ses mots. « La mer est ton miroir et tu contemples ton âme », me dit-il, citant Baudelaire. La sienne est taillée pour l'aventure et ivre d'horizons lointains. Il le sait. Ou plutôt il le veut.

À 8 ans, l'on est un pirate ou l'on n'est pas. Et Yann est un pirate de la plus belle flibuste. Il fugue sur une godille, un petit bateau avec à l'arrière un aviron. Il veut atteindre l'île d'Ouessant, mais il est rattrapé par des garde-côtes, quelques mouvements avant l'océan. À 13 ans, toujours pirate, il vole le bateau d'un oncle, part naviguer dans les îles pendant trois jours et finit par se fracasser contre les rochers. Il n'a pas oublié : « Le bateau a coulé, toutes voiles dehors. Le syndrome du *Titanic*, ou du *Concordia*. Le moment où on est trop sûr de soi. Le jour où la mer ne pardonne pas, c'est le naufrage. Il ne faut jamais se sentir aucun pouvoir sur les éléments. » La fin de la terre ne lui suffit pas. C'est le bout du monde qu'il veut embrasser. L'adolescent rêve, tel un héros de Jules Verne, de faire le tour de la planète.

C'est un casse-cou, turbulent, mais qui surtout veut que l'on prête attention à lui. Et notamment son père. Henri Queffélec, grand écrivain, prix du roman de l'Académie française pour *Un royaume sous la mer* en 1958, honoré et salué par tous, mais qui dédaigne son plus jeune fils, Yann.

Dès l'enfance, son père lui dit qu'il s'est trompé de famille. L'existence de ce fils le surprend. Contrairement à sa sœur Anne qui, en tant que fille, n'est pas en concurrence avec lui et qui, plus tard, deviendra une grande pianiste. Ou son autre frère Hervé, premier né de la famille, et qui deviendra un grand mathématicien. Il fallait qu'il soit discret. Qu'il ne perturbe pas l'existence et le travail de son père. Celui-ci aurait préféré n'avoir qu'un seul fils, et ne manque jamais une occasion de le faire comprendre à son cadet.

L'enfant, lui, est en admiration devant son père. Lorsqu'il n'est pas dans l'appartement, il quitte son lit et se faufile dans son bureau, et rêve devant la grande bibliothèque. Cela lui inspirera des lignes magnifiques : « Bibliothèque, lit, deux mots dont on n'a jamais fait le tour, deux objets familiers auxquels on doit nos plus grands voyages. Combien de fois, petit garçon, le soir, suis-je parti en excursion au fond de mon lit, sous la couverture. Je n'imaginais pas la caverne aussi grande et ramifiée dans un antre souterrain. Il y avait sûrement des fantômes, des esprits, des bêtes. J'étouffais. Au prix de mille contorsions je remontais affolé vers la lumière présumée. » Lorsque son père est là, il n'a d'yeux que pour cet homme qui ne sait lui montrer qu'un visage austère, sévère. Mais sans cesse, il cherche ce beau regard bleu, il le quête.

Veut-il lui ressembler ? Sans doute. Henri sent-il que son rejeton prendra le même chemin que lui ? C'est possible. Dès l'enfance, Yann Queffélec n'en fait pas grand mystère. Déjà il écrit. Des petits poèmes, des petites histoires. Mais pour son père, il ne peut y avoir qu'un seul écrivain à la maison. Vexé, il traite son fils de plagiaire, de copieur. Pire lorsqu'il lui tend ses textes, son père les déchire : « Tu te prends pour qui ? »

Près d'un quart de siècle plus tard, lorsque Yann Queffélec obtiendra le prix Goncourt pour *Les Noces barbares*, son père mettra deux ans pour lui dire de façon expéditive qu'il a lu son roman et qu'il est très bien. Sans plus.

Dès l'adolescence, le rêve de Yann Queffélec est d'écrire. Il veut être écrivain et navigateur comme Moitessier ou de Monfreid. Mais le rêve se brise alors qu'il a à peine 20 ans. Sa mère meurt. C'est au Palais, à Belle-Île, qu'il l'a vue pour la dernière fois. Les ultimes mots de sa mère adressés à Yann : « Quand un bateau part, on a toujours l'impression qu'on ne reverra jamais les gens qui sont à bord. » C'est aussi pour elle qu'il écrivait. Je le sais. Pour voir dans ses yeux le même émerveillement que lorsqu'elle lisait les manuscrits de son mari. Avec la mort de sa mère, plus rien désormais ne retient Yann Queffélec. Sinon la mer.

Bien plus tard, après avoir exercé de nombreux petits boulots, traversé l'Atlantique, officié comme skipper, moniteur de voile, la rencontre avec Pierre Ajame, à l'époque critique littéraire au *Nouvel Observateur*, lui mettra le pied à l'étrier de la littérature. Puis Françoise Verny, la gargantuesque papesse de l'édition, saura le reconnaître et le convaincre de faire de ses nombreux brouillons un premier roman. C'est à Belle-Île que Yann et Françoise – avec laquelle j'ai eu plus tard le privilège d'écrire un livre – se sont rencontrés. Véritable coup de foudre littéraire. Les mots de Françoise appartiennent désormais à la légende : « Toi, mon chéri, t'as une gueule d'écrivain ! Tu vas m'écrire un livre ! » Le lendemain, Yann était un autre homme. À 28 ans, c'était la fin de sa navigation initiatique autour du monde. Il s'apprêtait à faire indéfiniment le tour de la page blanche en espérant arriver quelque part. Fidèle à ses rêves d'enfant, il est resté un navigateur, mais pas dans le même esprit.

Quant à son père, irrémédiablement leurs trajectoires ne cesseront de se croiser et de s'affronter. Et notamment à travers le prix Goncourt dont son père rêvait et qu'il n'aura jamais, malgré des ouvrages de la plus belle des qualités, qu'il ne me déplaît pas, de temps à autre, de sortir des rayonnages de ma bibliothèque afin de respirer des temps anciens, de ceux dont les moins de 60 ans ne peuvent se souvenir. À la fin de sa vie, Henri Queffélec se rapprocha de son fils. En tout cas, il daignait le regarder. Et Yann, dans des textes magnifiques, sut trouver les mots pour enfin parler à son père. Peut-être avait-il enfin accepté que notre grande ambition, en tant que père et mère, est de tout faire pour que nos enfants soient meilleurs que nous ?

C'est là un des enjeux forts de nos histoires de famille. C'est ce qui, en tant que père, a toujours été mon obsession : que mes enfants soient heureux, et qu'ils puissent s'accomplir dans tout ce qu'ils souhaitaient entreprendre. C'est notre devoir à tous. D'œuvrer à ce que nos enfants nous succèdent et nous dépassent. De faire en sorte qu'ils vivent mieux que nous. Parce que nous avons su leur transmettre le meilleur de ce que nous sommes et de ce qui est. Nos histoires de famille sont des histoires de transmissions. Et il est beau et salvateur de pouvoir transmettre, comme le fait Yann aux siens et à nous tous, son amour immodéré de la Bretagne, terre et mer mêlées, avec des mots qui touchent : « J'aime la beauté géographique stupéfiante du Finistère et toutes les valeurs morales qui lui sont liées : l'entêtement, la résistance, la poésie et ce besoin d'ailleurs permanent. Je suis un enfant du pays des Abers jusqu'à la saint Glinglin, malgré ma naissance à Paris, le 4 septembre 1949. Quand j'étais gamin, moi, le petit Parisien, je mentais effrontément, je disais que j'étais né à Brest, mais j'avais tellement assimilé physiquement la présence de la Bretagne que j'étais sincère. »

Mon éternel féminin

Est-ce parce que, comme Yann Queffélec, la Bretagne a toujours su me séduire avec grâce et sensualité, et que, moi-même, je ressens cette terre comme ma muse, qu'elle m'apparaît tel l'éternel féminin, si cher à Goethe, qui m'entraîne vers les hauteurs, me pousse sans fin à me dépasser ?

Afin d'illustrer cet « éternel féminin », certains ont évoqué l'existence d'un « matriarcat breton ». Les Bretonnes seraient des maîtresses femmes donnant du fil à retordre à des maris et fils soumis. Edgar Morin, venu en Bretagne dans les années 60, à Plozévet, dans le cadre d'une enquête sur les mœurs du pays bigouden, avait été frappé par le rôle joué par les femmes dans la modernisation du pays. Dans son *Cheval d'orgueil*, Pierre-Jakez Hélias rapportait les propos de son grand-père : « Dans les maisons bien tenues, les femmes arrivent toujours, en fin de compte, à diriger tout le ménage, même quand elles font semblant, humblement, d'obéir au chef de famille. » Un ethnopsychiatre, Philippe Carrer, expliquait quant à lui ce « matriarcat » par l'alcoolisme masculin qui serait une spécificité bretonne. Inutile de préciser longuement ma pensée quant à cette assertion. Je préfère me souvenir que Jules César, déjà, avait été sensible au charme si féminin de la Bretagne et à la grâce des Bretonnes.

Souvent, lors de mes voyages en Bretagne, d'une ville l'autre, j'ai ressenti physiquement l'essence féminine de chacune de ces villes, au point que je les percevais comme des silhouettes. Très précisément : des silhouettes d'actrices.

Rennes ainsi me fait penser à Catherine Deneuve, avec son élégance bourgeoise toujours prompte à se diriger, volutes aux lèvres, belle de jour comme de nuit, place du Parlement de Bretagne ou rue de la Soif, selon son envie à s'encanailler.

Quimper, avec sa fausse froideur ambiguë, peut m'évoquer Isabelle Huppert filmée par Bertrand Blier ou Paul Verhoeven.

Saint-Malo, la ville de ma première fille, Dorothée, est la plus exquise des baigneuses, ondine foulant le sable de la plage des Sillons avant d'être saisie par l'eau, et j'imagine aisément Laetitia Casta dans un film qui reste à réaliser, adapté d'un court roman balnéaire, avec une bande-son qu'aurait signée le regretté Christophe, le dernier des Bevilacqua mort à l'hôpital de Brest alors que je rédige ces lignes.

Brest évidemment possède le grain de folie de Béatrice Dalle, qui y est née et qui, enfant, passait ses vacances, avec ses parents au Trez-Hir.

À ceux qui douteraient de l'essence féminine de la Bretagne, semblable aux fragrances d'un parfum unique, j'ai envie de rappeler que cette terre est fille de reine et de fées.

La reine : Anne de Bretagne, née en 1477 et morte en 1514, au destin unique, elle qui incarnait la splendeur ducale d'un pays et qui, pourtant, fut deux fois reine de France suite à ses mariages avec Charles VIII et Louis XII. À l'époque de sa naissance, la Bretagne n'a plus guère les moyens de son indépendance. Les finances de la famille Monfort, dont descend Anne, ne permettent plus d'assurer la défense du territoire. Ainsi, quand un conflit s'engage, la toute jeune duchesse n'est pas en mesure de s'opposer au roi de France. Diplomatiquement, un mariage s'impose et, pour les Bretons, cette alliance a pu être ressentie comme une soumission. À la mort de Charles VIII, en 1498, Anne, surnommée « sœur Alliance » ou « la duchesse en sabots », a pourtant repris ses droits sur son duché, y installant de nouveau une chancellerie, un Conseil ducal, faisant frapper monnaie, tout en négociant un habile remariage avec Louis XII. Sans Anne, la Bretagne d'aujourd'hui ne serait pas ce qu'elle est. C'est une certitude ancrée dans le cœur de tous ceux qui aiment ce pays. Mais Anne, pour moi aussi, je l'avoue, demeure un mystère, comme pour mon confrère Gilles Martin-Chauffier, grande plume de *Paris-Match*, qui en dresse un portrait contrasté dans son *Roman de la Bretagne*. Était-elle cette reine chrétienne et vertueuse auprès de ses époux royaux, croyant réellement en cette monarchie française en quête de stabilité et de légitimité ? Ou alors était-elle, au fond de son âme, cette demoiselle en costume breton, ne croyant qu'à l'hermine – et non à la fleur de lys, emblème de la couronne – et aux fées de Brocéliande ?

Comment ne pas croire aux fées ? Elles sont notre part de rêve dans une réalité parfois bien sombre. Elles sont nos enchanteresses, comme Merlin l'est depuis la nuit des temps. Elles initient, guident, récompensent et, surtout, elles nous apprennent, à travers les légendes qui les portent et les illustrations qu'elles ont inspirées aux artistes, les choses de l'amour.

Je crois aux fées, parce que je crois au réenchantement du monde. Je crois en Viviane et en Morgane – ainsi ai-je prénommé une de mes filles –, dans le royaume de leur forêt de Brocéliande. Morgane aux mille visages. Morgane qui aimante et ensorcelle. Est-elle « douceur des choses » ? Prêtresse ? Guérisseuse ? Déesse ? Sorcière ? Femme fatale ? J'aime la percevoir avec le visage et la silhouette d'Eva Green, qui incarne Morgana, autre de ses noms, dans la série *Camelot*. Une fée en liberté, indomptable, qui se joue des rois et des loups, griffe et embrasse. Une fée qui apparaît encore, et qui envoûte celui qui s'en approche, le temps de quelques heures, le temps d'une nuit, au château de Comper.

Marion du Faoüet était-elle une fée ? Non. Elle était une héroïne, née Marie-Louise Trémel en 1717. De ces héroïnes qui, comme les fées Viviane et Morgane, aiguisent notre imaginaire et rendent la vie plus palpitante. Au XVIIIe siècle, en Cornouailles morbihannaise, Marion était une petite sœur de Robin des Bois, ce héros de légende. Belle et rebelle. À la tête d'une troupe de brigands, de mauvais garçons auxquels elle offrait volontiers ses faveurs, elle volait les riches, donnait aux pauvres et défiait la justice. Pouvait-elle être cruelle, notamment avec les petits paysans ? Sans doute. Cependant Marion, qui était surnommée « Marie Finefont » ou « Marie la Rusée », avait été une enfant de la misère des campagnes et elle se vengeait, en effrayant une certaine frange de la population. En 1747, un de ses amants est arrêté et pendu. Même sous la torture, il n'a pas trahi Marion, ne l'a pas dénoncée : elle ne sera que fouettée. Mais en 1755, Marion à son tour est attrapée et torturée. Elle non plus ne charge pas ses complices. La sentence est immédiate : elle est pendue. Et sa vie désormais appartient à la légende. Des films et des chansons l'évoquent, comme *La complainte de Marion du Faoüet,* chantée par Tri Yann. Plus que jamais, Marion est une héroïne romanesque.

Il est une héroïne de ma vie, qui n'est pas romanesque. Au contraire : une héroïne qui représente ce que je possède de plus vivant en moi. Une héroïne qui, pour l'éternité, repose et se repose, enfin, en Bretagne, chez elle, chez moi, chez nous. Une héroïne, Solenn, ma fille, ma petite fille, ma capteuse d'ions, mon éponge à émotions. Solenn s'en est allée le 27 janvier 1995. Elle n'avait pas encore 20 ans. Sur mon scooter, le long de la Seine, alors que je venais d'être frappé par l'intime tragédie de cette nouvelle, je n'avais qu'une envie : me jeter à l'eau ou contre une voiture dans le sens inverse. En finir, moi aussi, rejoindre sans attendre ma petite merveille envolée. Je ne l'ai pas fait, j'aurais pu le faire… Ça a tenu à un quart de seconde ou un quart de réflexion, puisqu'il fallait que j'annonce d'abord cette nouvelle à Véronique la maman de Solenn et à ses frères et sœurs. Solenn est partie et je suis resté. C'est profondément injuste, les cadets n'ont pas à précéder les aînés dans la mort et je ne cesse de me le reprocher. Avant de partir, Solenn m'a écrit une lettre d'adieu, qui ne me quitte jamais : « Merci pour tout mais je n'aime pas la vie. Je veux être incinérée et gardée dans une petite boîte, mais pas jetée à la mer. » La vie, pourtant, je crois que tu l'as naguère aimée, Solenn, en Bretagne, dans notre maison de Trégastel, lors de nos vacances en famille. Là-bas, tu as aimé la vie et tu as aimé la mer. Mes souvenirs affleurent sans fin, telles des larmes à peine retenues.

Quel âge avais-tu ? Douze ans ? Treize ans ? Sur la route, déjà, dans la voiture, tu riais et chantais à tue-tête les airs de *Carmen*, dont tu avais aimé l'adaptation au cinéma, avec Julia Migenes. Une fois arrivée, dans le jardin de la maison, sur les rochers, avec ta cousine et ta sœur Morgane, tu reproduisais les chorégraphies du film, en inventais d'autres. Tu rayonnais sous le soleil, comme tu illuminais la plage de tes jeux. Dans l'eau tu t'imaginais petite sirène, tu enfourchais ta petite planche et surfais sur les vagues, gagnais le large et les îlots rocheux, qui te servaient de plongeoir.

Dans cette vie en Bretagne, ces vacances hors du temps, Solenn se sentait vivante. Comme personne, comme jamais. Solenn était un cœur pur, un cœur breton. Et, avec sa mère, il s'est imposé naturellement que le dernier adieu à notre fille se fasse à Trégastel, dans l'église qu'elle connaissait bien, devant laquelle elle aimait passer en se promenant. Devant l'assistance, la gorge nouée, j'ai voulu lire un poème extrait d'un ouvrage que je lui avais offert, un recueil de poèmes de Xavier Grall. Et un poème titré, *J'aimerais partir* :

« J'aimerais partir le jour premier du printemps
dans les doux plis de la mort primevère
quand cinglent vers l'Amérique les oiseaux chanteurs
la gorge pleine de sônes et de musiques
Car il reviendra le temps des vivants
dans la divine enfance des grèves et des îles

J'aimerais partir le jour premier du printemps
dans les doux plis de la mort primevère
quand les soleils neufs nient les ossuaires humides
Mains, mains défuntes, emplissez-vous de lumière jonquille

J'aimerais partir le jour premier du printemps
dans les doux plis de la mort primevère
Sur ma tombe, non pas la sculpture des gémissements
mais le ruissellement des harpes caressantes
non pas l'obsession des glas au bronze triste
mais le triomphe des sonneurs en bretonne parure
et la jubilation verte du houx sur ma croix dressée

J'aimerais partir le jour premier du printemps
dans les doux plis de la mort primevère
Non pas sur mon corps les chrysanthèmes corruptibles
mais le déploiement du genêt en sa durable verdeur

Non pas le caveau muet souillé de ténèbres
mais pour mon âme errante la granitique ferveur des chapelles

J'aimerais partir le jour premier du printemps
dans les doux plis de la mort primevère
avec des amours non pas gisantes dans mon cœur bouleversé
mais des amours droites et miséricordieuses
Non pas nu, glacé, mais dans une vêture de tièdes bruyères
comme s'en va à la mer la radieuse Aven en son Armorique

J'aimerais partir le jour premier du printemps
dans les doux plis de la mort primevère
J'aimerais partir à l'heure matutinale des tourterelles
les lèvres pressées sur les lèvres de mon pays fatal
Amant de ma terre, mon cœur au vent, ô mon navire

J'aimerais partir ivre et bon, chérissant l'ombelle et l'embellie
j'aimerais partir sur la mer paradis
scellant les pleurs et les chagrins
sous la pudeur du chaume et le grain des pierres rituelles

J'aimerais partir le jour premier du printemps
dans les doux plis de la mort primevère
car il reviendra le temps des vivants
dans la divine enfance des grèves et des îles »

Xavier Grall

C'est avec lui, avec son poème bouleversant, que j'ai désiré faire mon dernier adieu à Solenn. C'est un Breton fondamental, un Breton qui a fondé « l'amour fou », au sens d'André Breton, que j'éprouve pour ce pays, c'est un compagnon d'âme, un poète que j'admire intensément : Xavier Grall.

Quand nous avons lancé en septembre 2000, avec le regretté Patrick Le Lay et Rozenn Milhin, la chaîne TV Breizh, que nous avions installée à Lorient, dans l'ancien foyer de la Marine nationale, notre ambition était de porter haut trois thèmes : la Bretagne, la celtitude et la mer. Nul autre que Xavier Grall, par la grâce d'un de ses poèmes, ne pouvait mieux nous permettre d'inaugurer cette entreprise culturelle. Ce poème, « Nous te ferons, Bretagne », colle au plus intime de ce que je ressens de notre beau pays. Et sa relecture est devenue, pour moi, un rituel lors de chacun de mes séjours à Trégastel. Je sais exactement où se trouve dans ma bibliothèque le recueil *La Sône des pluies et des tombes* : à portée immédiate de main. Je m'en empare et, la nuit tombée, accoudé à la rambarde de ma petite cabane dans les arbres, je lis les vers merveilleux de Grall :

« Nous te ferons, Bretagne
avec des mots drus comme des grêles
avec des mots tranchants comme les faux
Peuple de la Quatorze
Peuple de sacristains
Peuple de crapauds
Nous ballonnerons la bouche de tes glas
J'entends venir l'aurore
Au blason des bruyères
J'entends venir la houle
À l'ardoise des lochs
En te nommant Bretagne
Nous te donnons figure
Nous te ferons patrie
Avec des mots plus forts
Que les résines du Québec

Nous te ferons nation
Avec des mots plus âpres
Que les cris des kabyles crucifiés
Nous te ferons, Bretagne
Avec des mots plus doux
Que la chair des grenades
À bruit de révolte
Nous déferons le bal des corbeaux
Pour construire la demeure
À ton image, à ta semblance
On ne peut pas toujours prendre le train des autres
On ne peut pas toujours tirer le vin des autres
Nous te ferons, Bretagne
Avec des paroles plus chaudes que les fruits de Vera Cruz
Avec des fibres plus dures que l'ébène du Mali
Avec des livres plus vastes que le vent des Gaëls
Nous te ferons, Bretagne
Avec des mots allègres comme des auberges
Nous te ferons, Nous te ferons, Nous te ferons. »

Xavier Grall incarne la Bretagne telle que je l'aime, telle que je la vis. Une Bretagne ardente et tempêtueuse, mélodique et organique, une Bretagne de racines et de branchages. Une Bretagne ouverte sur le monde et qui se nourrit du monde que le vent porte jusqu'à elle.

Comme nous autres, Grall est un Breton d'ici et d'ailleurs. Ici, il y est né – le 22 juin 1930, à Landivisiau – et il y est mort, bien trop tôt, tout juste âgé de 51 ans, à Quimperlé, le 11 décembre 1981. Et il y a vécu, comme le plus poète des vivants, dans son repaire de Bossulan, ferme sise à Nizon, à côté de Pont-Aven. Là où son fantôme, aujourd'hui encore, trinque avec celui de Paul Gauguin et de ce cher Jean-Pierre Marielle qui, filmé par Joël Séria, fit tant pour la renommée de la ville. Ailleurs : Grall s'y est brûlé les ailes, s'y est ennuyé et s'y est perdu, pour ensuite mieux se retrouver chez lui. Après avoir étudié à l'ombre des clochers de Saint-Paul-de-Léon et à l'abri des remparts de Saint-Malo, Xavier Grall est « monté » à Paris, comme il est d'usage de le formuler. Dans notre pays de tradition si jacobine, il paraît impossible d'affirmer que l'on « descend » à la capitale. Pourtant, de Paris, j'ai toujours l'impression de « monter » dans mes terres bretonnes. Question de perspectives. À Paris, Grall écrit dans les journaux et consacre des ouvrages à Mauriac, à Rimbaud. Mais il a perdu ses racines. Le vent, la mer, l'odeur des algues, le crachin, la lumière unique du ciel lui manquent. Alors il rentre, regagne ses terres avec sa femme et ses cinq filles. Et il revit. Sa poésie s'ancre et s'envole, charrie sève et paysages, arbres et horizon. Elle est lyrique et tonitruante. Elle offre un corps palpitant et un cœur qui bat. Grall est celte, il est breton, il est le barde condamné. Sa démence fait sa force et, parfois, au fond de l'ivresse, flamboie la voyance. Lui qui sera terrassé, en 1981, par un cancer des poumons, il respire pourtant la Bretagne par tous les pores de sa peau. Et quand son pays lui paraît mal-aimé, cela lui est insupportable. Pire encore que le désamour. Aux yeux de Grall, Pierre-Jakez Hélias, cet écrivain respecté, a abîmé la Bretagne en écrivant *Le Cheval d'orgueil*, où il raconte comment, au début du XXe siècle, une famille pauvre, la sienne, éprise de traditions, essaie d'échapper à sa triste condition dans un monde qui change. Après lecture et alors que le livre d'Hélias se vend à plus d'un demi-million d'exemplaires, Grall ne décolère pas. Cette vision passéiste et misérabiliste de la Bretagne, enfermée dans un folklore fossilisant, n'est pas la sienne. Alors, en quelques semaines, il réplique avec la plus fulgurante des grâces. Son *Cheval couché* est une réponse, au fouet et à la caresse, au *Cheval d'orgueil* d'Hélias : « *Le Cheval d'orgueil* est un beau tombeau pour un peuple que l'on croit mort. J'ai essayé, pour ma part, d'écrire une petite stèle à un peuple que je crois vivant. »

Rouvrir fréquemment *Le Cheval couché* de Xavier Grall m'est un plaisir impératif. Ce livre, de colère et d'amour, est un bréviaire, une déclaration de passion, le missel d'un pays inoubliable. Rouvrir l'ouvrage et me blottir, de manière presque enfantine, contre le flanc des féeries du pur-sang de Bossulan. Et ne faire qu'un avec l'écho volcanique de la langue en fusion de Grall :

« Je rassemble dans ma vision, des pays divers, un pluralisme végétal et spirituel, une fédération de clans, un réseau de haies, "l'ancienne à la coiffe", ainsi, génialement, Saint-Pol-Roux désignait-il mon pays. Tout y est, hormis la trace heureuse de la jeunesse.

Pays Gallo, tout imprégné de la marche d'Arthur, lacs hantés, forêts épiques, fées, enchantements.

Trégor, rêve et dialectique. Portes pleines de vents, nonchalance, sinuosités intellectuelles, Renan ! Chant du coq, terre battue, mémoire d'Erwan-Saint-Yves rendant justice en faveur du pauvre et de l'humilié.

Léon, province grise, rase sous les souffles de galerne, farouchement mystique ou pillarde. Terre pastorale, priante, naufrageuse.

Cornouailles de la danse et du cidre. Chopes et Jabadao. Cabarets roses, rias rieuses. Envol des collerettes, essor des goélands. Môle, sables, dundees, gros chalutiers armés pour les tumultes d'Écosse et d'Irlande. Goémons et châtaigniers.

Poher, gnôle et hydromel, vigueur des chênes, ogives et saules. Bardes fous, esprits grinçants. Douves boues, crapaudières, suicides et destruction.

Vannetais des îles et des golfes. Chaumières, oraisons, tombes et gentillesses, nostalgies chouannes. Le gros Cadoudal avec son sacré cœur sur son cœur-au-ventre !

Bretagne, multiple dans son unité secrète. »

Il y a dans les mots de Grall toute la Bretagne que j'aime. Chaque paysage. Chaque lieu. Chaque odeur. Chaque horizon. Chaque brin d'herbe. Chaque écorce. Chaque lambeau d'écume. Chaque voix. Chaque silhouette. Chaque chanson. Chaque danse. Chaque fée. Chaque farfadet. Chaque poète. Chaque sortilège. Chaque féerie. Chaque île. Chaque vague. Chaque goutte de pluie. Chaque rayon de soleil. Chaque nuage. Chaque bout de ciel.

Il y a dans les mots de Grall un pays, multiple dans son unité secrète. Mot de passe à glisser à tous ceux qui pensent, eux aussi, que la beauté et la poésie sont ce que nous avons de plus précieux ici-bas.

Mon plaisir en littérature

Parce que la Bretagne, par sa grâce et l'âme qu'elle porte, est féminine, la Bretagne est littéraire. Elle est terre et mer de poètes, de romanciers, de flâneurs, d'aventuriers des phrases vagabondes, et elle se transmet, plein cœur iodé, d'un livre l'autre, comme autant de châteaux où j'aime trouver refuge.

C'est en Bretagne, bien souvent, que j'ai pu me lier d'amitié avec de nombreux écrivains. Que je les croise au hasard, ou qu'ils viennent me rendre visite dans ma tanière de Trégastel, à l'abri de ma cabane dans les arbres où j'ai accouché de plusieurs de mes livres.

S'il est né à Nice, Jean-Marie Gustave Le Clézio a lui aussi des origines bretonnes. Une Bretagne qu'il a récemment saluée dans un beau livre, *Chansons bretonnes*, où il évoque ses étés près de Bénodet, entre 1948 et 1954. Le Clézio, dont la langue fait penser à celle d'un magicien celte, n'hésite pas à affirmer : « J'ai vécu un peu partout, je suis étranger à tout, mais si je dois choisir un pays, une racine, ou plutôt un rhizome, c'est la Bretagne, une terre infinie et sans limite, qui ouvre sur l'imaginaire. » Un imaginaire qui trouve sa source dans ce pays bigouden que sa mère aimait tant, le pays qui a donné à cet homme pudique les plus belles de ses émotions, qu'il contemple l'Odet, qui lui paraît grand comme l'Amazone, ou les eaux froides de la Laïta, qu'il se souvienne de la violence de la mer, du vent et de la pluie ou de la brûlure du soleil certains jours, sans oublier « la solitude des criques encombrées de galets géants, trouées de grottes où les vagues explosent ».

Érik Orsenna, mon compagnon fidèle et ancien, habite lui aussi non loin de chez moi, à Bréhat tout d'abord, puis désormais sur le continent. Avec son enthousiasme qui emporte toutes les adhésions, j'ai déjà entendu Érik, dans un café, se lancer dans des discussions joyeuses, à bâtons rompus, avec les habitués des lieux : « Je dois absolument tout à votre région. Mes ancêtres avaient une maison sur l'île de Bréhat dans les années 1880. J'ai la Bretagne au cœur. Je dirais même plus : c'est grâce à la Bretagne que je suis devenu écrivain. Les premières histoires que j'ai entendues, puis racontées, trouvent leurs racines ici. Depuis que j'ai l'âge de 3 mois, je viens en Bretagne pour minimum deux mois par an. De Cancale à Vannes, je connais chaque petite crique et chaque bistrot ! » La Bretagne est à la fois la source et les racines d'Orsenna. Il s'y sent toujours comme à la maison. Chez lui, j'ai eu la chance de croiser Alain Decaux, ce fin connaisseur de l'histoire qui a su la rendre abordable et compréhensible au plus grand nombre, ou Jacqueline de Romilly, cette femme admirable et "immortelle", membre de l'Académie française et helléniste de renom, qui s'en est allée un jour de décembre 2010.

Chez moi passaient d'autres belles plumes qui, toutes, se sentaient l'âme bretonne. Yves Simon arrivait dans sa petite voiture de sport rouge. Yvon Le Men, ce fantastique poète né à Tréguier et installé à Lannion, révélé par le généreux Robert Sabatier, me lisait les vers que la nuit lui avait inspirés :

> « Il est des lieux
> qui nous rencontrent
> sans nous chercher

des lieux où voyageaient
ces bancs de lumière
parmi les eaux et les arbres
entre ta main et la mienne que tu pris soudain
comme la flamme prend dans la branche
l'éclaircie prend dans le ciel. »

Michel Le Bris, le plus étonnant des voyageurs, n'est pas loin de chez nous, tout comme mon compagnon des Écrivains de marine, Hervé Hamon. Kenneth White venait en voisin, de Trébeuden. Les mots de ce nomade intellectuel résonnent en moi : « Je rôde autour du monde à la façon dont un chat rôde autour de son territoire. Je me sens celte, mais contrairement à Renan, je ne sens pas la culture celte comme fondée sur l'imaginaire et repliée sur elle-même : je la sens au contraire ouverte au monde et en phase avec le cosmos, avec les éléments : que ce soit Chateaubriand, Renan lui-même, Céline (à moitié breton) ou Ségalen, les grands écrivains celtes le prouvent tous. J'aime la Bretagne, que je sens, non pas comme une région, mais comme un microcosme. J'en pars et j'y reviens suivant la dialectique entre errance et résidence. » J'ai une pensée émue, aussi, pour Jean Vautrin, qui nous a quittés un jour de juin 2015. S'il avait quitté Paimpol pour le climat plus tempéré du Bordelais, Uzeste puis Gradignan, il aimait y revenir et j'aimais qu'il m'y retrouve. Il a toujours été un fidèle, présent dans tous les coups durs de ma vie. J'avais connu Jean dans une autre vie, alors que je faisais de la figuration cinématographique et qu'il réalisait des films, dont *Adieu l'ami*, sous son vrai nom : Jean Herman. En 1967, Jean m'avait fait tourner sous sa direction dans *Jeff*, avec Alain Delon et Mireille Darc. Il y a pire baptême du feu.

Mon baptême en littérature bretonne fut incontestablement, bien avant Ernest Renan, le *Barzaz Breiz*, ce recueil de poésies et chants populaires bretons collectés par Théodore Hersart de la Villemarqué. Un bijou que George Sand tenait en haute admiration, elle qui compara cet ouvrage à un « diamant » et à l'*Iliade* d'Homère.

Il est un autre livre, aujourd'hui difficilement trouvable, qui n'est jamais loin de moi et vers lequel j'aime revenir : *Histoire de Bretagne*, paru en 1996 aux Belles Lettres, dans la collection « Sortilèges ». Une anthologie de textes d'écrivains bretons, ou ayant célébré la Bretagne, sélectionnés par ce beau poète et romancier qu'est Jérôme Leroy. Né à Rouen et vivant dans le Nord de la France, il a été happé lors de son service militaire à Coëtquidan, en terre morbihannaise, par les charmes et les mystères de la Bretagne. Depuis, Jérôme se sent autant chez lui à Brest qu'à Saint-Malo, des contrées qu'il célèbre, ici et là, au détour d'une page, d'un chapitre ou d'un aphorisme envoyé comme une lettre d'amour : « À Saint-Malo où rien ne pourra plus m'enlever la mer mêlée au soleil depuis cette après-midi de juillet près de la tombe du vicomte. »

La tombe du vicomte, j'aime m'y recueillir, faisant corps avec la mer mêlée au soleil, à chacune de mes venues dans la cité des Corsaires. Comme Hugo, encore jeune Rastignac des lettres, je me rappelle avoir voulu « être Chateaubriand ou rien ». Être le digne héritier du romantisme qu'il incarnait et du souffle océanique qui traversait chacune de ses phrases. En littérature, Chateaubriand est l'écrivain qui a mis les orages bretons à la mode, le ciel tourmenté de notre pays, mais aussi ses courants marins et dangereux, ses landes et ses forêts. Comment ne pas envier de telles phrases : « Après quinze années d'absence, avant de quitter de nouveau la France et de passer en Terre-Sainte, je courus embrasser à Fougères ce qui me restait de ma famille. Je n'eus pas le courage d'entreprendre le pèlerinage des champs où la plus vive partie de mon existence fut attachée. C'est dans les bois de Combourg que je suis devenu ce que je suis, que j'ai commencé à sentir la première atteinte de cet ennui que j'ai traîné toute ma vie, de cette tristesse qui a fait mon tourment et ma félicité. Là, je cherchais un cœur qui pût entendre le mien ; là, j'ai vu se réunir, puis se disperser ma famille. Mon père y rêva son nom rétabli, la fortune de sa maison renouvelée : autre chimère que le temps et les révolutions ont dissipée. » Breton des terres à Combourg, François-René a la mer qui coule dans ses veines à Saint-Malo. Il l'a écrit : le bruit des tempêtes a bercé son premier sommeil. Et les grands explorateurs malouins, tel Dugay-Trouin, ont forgé son imaginaire. Dans un de mes carnets qui lui est consacré, j'ai noté et souligné cette définition qu'il donne de la « tête bretonne » : « On perd son temps à vouloir la convaincre ; quand une fois elle a pris quelque chose de travers, Dieu n'y ferait œuvre. » Je peux me retrouver dans cette esquisse comme je me retrouve dans les vers des poètes qui ont façonné, eux aussi, ma passion de la Bretagne. Les citer revient à égrener un chapelet de la grâce en littérature : René-Guy Cadou, Armand Robin, Max Jacob, Tristan Corbière, Victor Segalen, Louis Guilloux, Eugène Guillevic, Georges Perros ou encore Saint-Pol-Roux, sans oublier le seul académicien de Trégastel : Charles Le Goffic. Chacun possède son territoire, poétique et géographique, ouvert toujours sur le monde.

Tristan Corbière, premier poète breton d'expression française, dont le cœur de paladin à jamais bat à Roscoff, Corbière ainsi décrit par Verlaine dans *Les Poètes maudits* : « Tristan Corbière fut un Breton amer et salé comme son dur océan, roulant comme lui des rayons de soleil, de lumière et d'étoiles dans la phosphorescence d'une houle et de vagues enragées. »

Armand Robin, ce fils de Plouguernevel, Saint-Just à lunettes rondes, qui nous raconte son ancrage :

> « Je vous viens d'un pays en dedans des souffrances
> Où je dois me créer grâce à mes créatures ;
> J'y possède depuis mon premier souvenir
> Un cheval immobile qui mâche de biais
> Son trèfle et j'y possède ce trèfle qui lui tire
> En gamin sur les dents pour être enfin mangé.

Dans ce pays en dedans des souffrances,
Le chuchotis du Temps n'alourdit plus les branches,
Les mots tombent de moi, sans poids, plus nuls qu'un songe
Où jamais ne s'émut que le remous d'une ombre;
Trop imagés de mort pour n'être pas présages,
Mes héros délivrés m'ont laissé leurs blessures.

Dans ce pays en dedans des souffrances,
Voici ma joie, oui, joie, – semblable à ma torture :
J'y murmure très seul des silences plus ténus
Que moi-même ou parfois, triste plaisir trop pur,
Au paradis de l'art d'où nul ne revient plus,
Je poursuis sans nul but l'aventure des nues. »

Eugène Guillevic, l'enfant de Carnac, qui se présentait comme « un menhir en balade » et qui possédait l'art de sculpter les rocs :

« Ils ne le sauront pas les rocs,
Qu'on parle d'eux.
Et toujours ils n'auront pour tenir
Que grandeur.
Et que l'oubli de la marée,
Des soleils rouges. »

René-Guy Cadou, petit-fils d'instituteur, fils d'instituteurs, instituteur lui-même, amoureux éperdu de sa belle Hélène et de Louisfert qui, dans le plus beau des poèmes, répond à la question : « Pourquoi n'allez-vous pas à Paris ? »

— Pourquoi n'allez-vous pas à Paris ?
— Mais l'odeur des lys ! Mais l'odeur des lys !

— Les rives de la Seine ont aussi leurs fleuristes
— Mais pas assez tristes oh ! pas assez tristes !

Je suis malade du vert des feuilles et des chevaux
Des servantes bousculées dans les remises du château

— Mais les rues de Paris ont aussi leurs servantes
— Que le diable tente ! que le diable tente !

Mais moi seul dans la grande nuit mouillée
L'odeur des lys et la campagne agenouillée

Cette amère montée du sol qui m'environne
Le désespoir et le bonheur de ne plaire à personne
— Tu périras d'oubli et dévoré d'orgueil
— Oui mais l'odeur des lys la liberté des feuilles ! »

Max Jacob, au destin tragique, fils de tailleur installé à Quimper « au coin de la rue Saint-François et de la rue du Parc, dans la maison du café de l'entresol », qui écrivait en se jouant des mots et des sonorités :

« Ma plèbe est à Pleyben
Oh ! la paix m'y plaît bien
gars de galons
doublons jusqu'au talon
j'y suis gars, léger, laid,
dansant des galipades
de Brest, pas loin, je vois les faubourgs et la rade. »

Georges Perros, qui a fait de Douarnenez le havre de ses mots et qui, en peintre des sensations, est un orfèvre des nuances de la Bretagne :

« Il est long à se déclarer, ce pays
On n'en perçoit pas tout de suite
Le tressaillement organique
On le trouve généralement beau
C'est une manière
De s'en débarrasser.
Il faut s'y enfoncer s'y perdre
Comme dans l'amour justement,

En connaître toutes les saisons
Et surtout celle-là où l'homme
Perd un peu de son ombre
Et surtout celle-là l'hiver
Qui rend les choses à leur nom
Oui, Mallarmé, l'hiver lucide,
Et qui n'a pas connu l'hiver
D'un homme,
D'une femme
D'un pays,
D'une pensée,
En ignore plus que la moitié. »

Saint-Pol-Roux, « Monsieur Saint-Pol... » comme l'appelaient les pêcheurs de Camaret, où il avait fait bâtir le manoir du Boultous, qui deviendra le manoir de Coecilian, du nom de son fils mort au front lors de la Première Guerre mondiale, Saint-Pol-Roux qui écrivait : « Bretagne est univers. » Et c'est ainsi que notre pays, mon pays de cœur, est immense...

Avant de parler de Jean-Edern Hallier, un dernier mot sur notre idole à tous, François-René de Chateaubriand, monument inégalé de la littérature. Son tombeau a été à son tour classé monument historique en 1954. Aucune inscription, mais sur le mur arrière, ces simples mots : « Un grand écrivain français a voulu reposer ici pour n'y entendre que le vent et la mer. Passant, respecte sa dernière volonté. » Simone de Beauvoir nous raconte dans *La Force de l'âge* que Jean-Paul Sartre pissa sur la tombe de Chateaubriand. Ça ne l'honore pas.

Jean-Edern Hallier

Breton des villes et Breton des champs, de Paris et de son château de la Boissière, Breton de l'aurore et des nuits d'ivresse vodkaïsée à Sainte-Marine : Jean-Edern Hallier. Comment ne pas évoquer, dans ces lignes bretonnes, le souvenir de cet ami flamboyant et magnifique, de ce Celte fou au grand cœur qui a lâché, après trop d'excès, un matin froid de janvier 1997 sur les planches à Deauville alors que, mal voyant, il roulait à vélo.

À Trégastel, j'ai cru faire le tour de ce fantasque énergumène qui maniait la plume comme d'autres maniaient l'épée au temps jadis, et qui a toujours revendiqué haut et fort, souvent en m'appelant dès potron-minet – il n'était pas encore six heures, « Allô, c'est Jean-Edern… » –, sa Bretagne. Lors des élections européennes de 1979, déjà, tout en publiant un violent pamphlet anti Valéry Giscard d'Estaing, il prend la tête d'une petite liste régionaliste et s'adresse avec un lyrisme tonitruant au président de la République : « Paysan, rebelle, enraciné, et aristocrate, tel je suis et tel quel, en porte-parole des miens, je m'adresse à vous pour vous inviter à rompre le pain avec nous, en Bretagne. »

Je revois Jean-Edern, chez moi, agitant bras et crinière, foulard au cou et gitane aux lèvres, le souffle postillonnant insanités, provocations et fulgurances poétiques. Il avait bu, beaucoup, vidant toutes les bouteilles qu'il pouvait trouver, il ne s'arrêtait jamais. Il m'apostrophait à une heure avancée de la nuit : « Patrick, la tempête approche, allons nager ! Je suis le dompteur de la mer. L'océan est mon amante, elle ne me résistera pas. Tel Moïse, j'ouvrirai ses flots et nous y serons chez nous, dans notre berceau de flots et d'écume. » Lui resservir un verre ne suffisait pas à le calmer.

Parfois, il semblait plus serein, comme en cet été 1986 où il allait publier un de ses grands romans : *L'Évangile du fou*, autour de la figure du père de

Foucauld. Sur notre chère côte armoricaine, nous devisions joyeusement, croisant parfois le fer, dans ma petite cabane, en terrasse des cafés où il interpellait tous les passants, en mer, à la pêche, où il réveillait même les poissons. D'un coup, sur notre petit canot au large des Sept-Îles, où fous de Bassan et cormorans nous observaient de loin, Jean-Edern se faisait plus grave : « Je ne sais pas ce qui m'a pris. Avec un rare acharnement, comme si elle me faisait de l'ombre, comme si elle m'était insupportable, j'ai brisé mon image. Celle du grand écrivain. Celle que Mitterrand m'avait collée comme un masque gélatineux, un masque de mort-vivant. Il est vrai que je n'ai pas la grandeur de Charles de Foucauld, la plus belle des grandeurs : le silence. Comment un écrivain ne serait-il pas éperdument jaloux de quelqu'un qui cultive le silence ? Chateaubriand pensait comme moi. » Quelle référence immodeste…

J'ai eu envie de retrouver la Bretagne de Jean-Edern, longtemps après sa mort, en pensant à celui qui, dans *Chaque matin qui se lève est une leçon de courage*, se présentait ainsi : « Je suis le fils du goémon, du varech et du sable gris, de la fiente du cormoran et de la mouette, né d'une plage battue par les grandes marées, je me suis fécondé moi-même au ressac des flots verdâtres, au picotement de l'air iodé, et aux hurlements des vents du désir. »

La Bretagne d'Hallier se trouvait à la Boixière, que l'on peut aussi nommer La Boissière, son manoir familial, dans la bien nommée petite commune d'Edern, où il repose désormais pour l'éternité. La Boixière appartient à la littérature, cœur de pierres vivantes dans tant d'œuvres d'Hallier : *La Cause des peuples*, *Chagrin d'amour*, *Fin de siècle*, *Je rends heureux*, *Les Puissances du mal*… La Boixière ainsi peinte par Jean-Edern : « La Boixière, le plus grand de tous mes navires, avec sa proue de granit gris reposant dans un océan d'herbe ! Herbes hautes, massifs en jachère. L'allée se distingue à peine de la prairie. Dans la chambre des enfants, les jouets traînent comme s'ils étaient partis hier. Dans l'atelier secret, les pinceaux n'en finissent pas de sécher. J'aime la solitude de ce retour et ma redécouverte muette et déchirante du passé. Les haies sont floues. La maison du garde et le pigeonnier sont presque entièrement dissimulés sous la verdure. La roue du moulin, vermoulue, tombe en morceaux tandis que l'accès aux dépendances se fait entre les ronces et les orties. En moins de deux ans, la Boixière est devenue le château de la Belle au Bois Dormant. »

Alors que je m'approche du château, j'avale une bouffée de crachin tandis que « Edern » m'apparaît, inscrit en lettres noires sur un panneau indicateur. Ce village est bâti pour porter le blason d'Hallier. Le gris des façades est mélancolique et les calvaires ont un sourire d'énigme. Le long de la boulangerie, des femmes portent leur pain sous le bras et traînent une charrette à provisions. À une "ancienne", comme il est d'usage respectueux de le dire dans notre région, je demande mon chemin. Au nom d'Hallier, son visage s'illumine et un mince filet de voix très doux me répond, comme sorti d'un puits de pudeur : « Chez vous, ils croient tous qu'il est mort. Mais ici, nous savons. Les vieilles savent toujours ! Jean-Edern, c'est notre enfant à toutes et la Boixière, c'est Versailles et ses sauteries passées... C'est là-bas ! Ne tardez pas, l'affreux garnement déteste les retards... »

D'un geste de la main, mon interlocutrice me désigne un horizon forestier. Dans cinq minutes, je serai à bon port. Le paysage glisse sur moi. Briec-sur-Odet, des vaches attentives, des chênes et des châtaigniers. Apparaît alors entre les arbres un bloc de granit à deux tours : La Boixière ! Avant de pouvoir y pénétrer, je me heurte au cul-de-sac d'une ferme voisine, avec sa grange débordante de foin. Sur une table, des mûres et des framboises. Et un berger allemand qui aboie, comme pour m'indiquer l'entrée du manoir d'Edern.

Malgré le panneau qui stipule « Propriété privée, défense d'entrer », je ne m'en laisse pas conter. Il me suffit de passer par-dessus un mur recouvert de mousse. Des branches abattues et des ronces espiègles m'accueillent. Et d'un coup La Boixière se révèle, tel un palace en lambeaux, tel un récif échoué. Le voilà, le vaisseau de granit au milieu des herbes hautes. Et, face à lui, je revois Jean-Edern, j'entends sa voix, lui qui voulait que sa dépouille appartienne à l'océan : « Enfants, aimez-vous la mer ? Moi, je l'aimais d'autant plus passionnément, en Bretagne, qu'habitant l'intérieur des terres, elle ne s'étendait pas derrière nos vastes fenêtres à croisillons. Il s'était produit une discorde sous la surface crénelée de l'onde : un tremblement de mer. Je me redressai, ouvrant la bouche, aspirant fortement. J'étais saoul de sel, d'air et de solitude. » Et, avant de repartir, je me souviens des mots gravés sur la stèle de Jean-Edern Hallier : « Qu'il soit permis à tout le monde de rêver comme j'ai vécu. »

La Bretagne en 24 images/seconde

Souvent, mes échappées belles en Bretagne me font penser à des films. J'ai l'impression d'avancer en caméra subjective, sensible à chaque frôlement du vent, rayon de soleil ou goutte de pluie. Ici, pour reprendre le bon mot d'Olivier de Kersauson qu'il me plaît de citer, « il ne pleut que sur les cons ! » Même si je préfère répéter que, chez nous, « il fait beau plusieurs fois par jour ». Il n'est pas étonnant que la Bretagne m'évoque une vie en 24 images-secondes. Les cinéastes ont toujours aimé les paysages de ce pays. Quelle que soit la saison, ils y trouvent inspiration et couleurs, de la terre et du ciel, que leur caméra pourra saisir, tel un papillon dans le filet de Nabokov.

Le premier à avoir célébré en images la Bretagne, et surtout les Bretons, est Jean Epstein. Un cinéaste, un théoricien du 7e art, mais aussi un poète. J'ai eu la possibilité de visionner ses œuvres, en version restaurée. Jean Epstein filme avec une délicate et tendre pudeur sa région de cœur et d'adoption. Dans *Finis terrae* (1929), *Tempestaire* (1947), *Chanson d'Ar-mor* (1934) ou *La Bretagne* (1936), il montre avec grâce, la langue bretonne en écho, la beauté des paysages, la rudesse de la mer et la vie des habitants.

Parmi les réalisateurs précieux à mon cœur de cinéphile : Claude Chabrol, avec lequel j'ai eu souvent le plaisir de m'entretenir. Des conversations qui, à chaque fois, filaient bien vite vers la Bretagne. Une région que ce féru de Simenon aimait, évocatrice de tant de souvenirs d'enfance et de balades gastronomiques, au point de s'installer au Croisic pour les dernières années de sa vie. Là-bas, comme à son habitude, il n'en faisait qu'à son bon plaisir, savourant bonne chère et bon vin, notamment à la table du Lenigo. Une région qu'il a découverte en 1969, grâce à son ami et scénariste Paul Gégauff, alors qu'il allait tourner *Que la bête meure*. Un film qui m'a marqué et m'impressionne encore à chaque fois que je le revois. Un garagiste de Quimper, au volant d'une Mustang noire, sa belle-sœur en larmes et en robe d'été à ses côtés, renverse un bambin blond en ciré jaune, prend la fuite, beugle des horreurs. Cette intrigue dramatique, dans le roman adapté, se situait en Cornouaille anglaise, mais Chabrol a souhaité tourner à Quimper, Crozon, Morgat, Argol ou encore Camaret. Pour adapter *Le Cheval d'orgueil* de Pierre-Jakez Hélias, film qu'il dédie « au pays bigouden », il revient naturellement dans nos terres – à Landudec, Plonéour-Lanvern, Saint-Jean Trolimon – et regrette de ne pas avoir eu l'audace de tourner en langue bretonne. Ça aurait eu, en effet, de la tenue. Parmi ses autres longs-métrages tournés en Bretagne, sa très belle adaptation des *Fantômes du chapelier*, avec Charles Aznavour et Michel Serrault, donne à voir la Ville-Close à Concarneau. Un long-métrage pour lequel, en raison de météo clémente, le réalisateur a dû faire appel aux pompiers pour obtenir la pluie nécessaire. « La meilleure pluie artificielle du cinéma », aimait répéter Chabrol. En 1986, pour *Inspecteur Lavardin*, avec Jean Poiret, Claude avait choisi Dinan. Saint-Malo, Saint-Coulom, Cancale serviront de décor, en 1995, pour *La Cérémonie* (1995) avec Sandrine Bonnaire, Isabelle Huppert et la très élégante Jacqueline Bisset. Un film dans lequel, comme à son habitude, Claude Chabrol brosse un tableau saisissant de la lutte des classes.

Quand le mois de juillet approche, me revient régulièrement en mémoire le *Conte d'été* d'Éric Rohmer. Une merveille qui me donne envie, toujours, de fuguer sur les traces du réalisateur. Tel le Petit Poucet, le film n'est que cailloux polis par le temps, déposés sur le chemin de nos virées bretonnes. Je débarque en bateau, un lundi de juillet, sur le port de Dinard. Pointe du Moulinet, le ciel a cette couleur qu'on ne trouve pas ailleurs, un bleu nuageux mêlé de soleil. Les maisons de maîtres, sur la corniche surplombant la mer, imposent leur style XIXe. En terrasse de la crêperie du Clair de lune, un garçon mange une glace et boit un verre de vin blanc. Sur la plage de L'Écluse, les filles portent des maillots de bain rouge ou bleu, des lunettes noires qu'elles remontent parfois dans leurs cheveux. Elles se prénomment Léna, Margot ou Solène. Elles tomberaient volontiers amoureuses d'un musicien dilettante, avec lequel elles badineraient sur le sentier des Douaniers, alors que le soir tombe, leurs sandales à la main, vêtues d'une jupe courte et d'un caraco. Hors écran, j'ai connu de semblables jeunes filles à la pointe du Moulinet. Un essaim vibrionnant, plein de grâce et d'intelligence. J'ai bien connu également la véritable héroïne du

Genou de Claire, du même Rohmer. Laurence avait le même charme que son double de cinéma.

Au milieu des années 90, après le Saint-Tropez de *La Collectionneuse* puis la Normandie de *Pauline à la plage*, Rohmer voulait un lieu neuf pour son *Conte* dédié à la plus belle des saisons. Il lui fallait des rochers, des vues profondes sur l'océan, le bruit du vent, un arrière-pays aussi : « Ce qui m'intéressait, c'était les grandes étendues à marée basse. J'aimais cette idée que les personnages soient enfermés entre la terre et la mer. » Rohmer s'est souvenu, lui aussi, des récits de son ami Paul Gégauff, l'âme damnée de la Nouvelle vague, le scénariste fantasque et flamboyant de *Plein Soleil*, des *Biches* et *Docteur Popaul* : « Tu adoreras ce coin de Bretagne : les filles sont délicieuses; l'air du large te fouette l'esprit et les paysages sont magnifiques! » Rohmer avait envie surtout, lui qui aime tant les corps et les mots en liberté, de plages « vivantes » où les cœurs peuvent jouer leur petite musique, « des plages où l'on ne verrait pas le travail du cinéaste ».

Pour raconter son *Conte d'été*, Rohmer a posé sa caméra à Dinard, entre la fin du mois du juin et le début de juillet 1995. Il filme longuement la plage de l'Écluse et ses cabines d'un autre siècle. Les chemins côtiers ne sont pas encore surchargés de touristes. Une balade emmène les flâneurs sentimentaux sur les remparts de la ville close de Saint-Malo. De jolies filles sont au rendez-vous. De retour à Dinard, sur la promenade du Clair de lune, un peu de bruine coupe la douceur des choses, mouille les bancs publics où les amants se cherchent, ne se trouvent pas. Les soirées s'achèvent à La Chaumière, une boîte accueillante de Saint-Lunaire. Avec grâce, Rohmer saisit au vif les vacances et esquisse une certaine idée de la *dolce vita* balnéaire, qui lui est chère.

Quand *Conte d'été* est diffusé, en avant-première, au cinéma Aux deux Alizés de Dinard, les spectateurs découvrent leur ville sous le plus beau des jours. Des habitants se reconnaissent en tenue de bain, figurants d'occasion heureux d'apparaître sur la photo. Voici donc ce que préparaient Rohmer et sa petite équipe. On les avait vus sur la plage de L'Écluse, avenue Yves Verney devant le bar La Croisette ou sur la route départementale 168 menant à Saint-Malo. On s'interrogeait sur le résultat en images. Il est à la hauteur des espérances, prolongeant les étés de la vie. Rohmer l'avait dit : « Chacun de mes films pourrait avoir pour titre le nom d'une ville. » *Conte d'été*, ainsi, se serait appelé Dinard ou Saint-Malo.

Pour retrouver le Dinard que j'aime, à une période plus récente, il me plaît de visionner *L'Heure zéro* de Pascal Thomas, l'un des plus lettrés de nos réalisateurs, aussi fin connaisseur de l'univers de Paul Léautaud que de celui d'Agatha Christie, qu'il adapte dans ce film. Une adaptation, bien sûr, à sa guise : lunaire et badine, stylée et jubilatoire, cruelle et détachée. Face à l'océan, sous un beau soleil atlantique, Melvil Poupaud intrigue et Chiara Mastroianni joue une dépressive inconsolable. Laura Smet est pétillante comme les bulles qui la grisent lors de soirées mémorables. Je l'ai rarement vue aussi éclatante dans un long-métrage. Dansant en robe rouge très courte. Maltraitant sa rivale. Fumant des cigarettes sur un sofa. Complotant en jupette de tenniswoman. Elle possède une fougue rieuse très bretonne.

D'autres films tournés en Bretagne agissent telle la « madeleine » de Proust : ils datent nos joies et nos mélancolies. *Hôtel de la plage*, par exemple, m'entraîne sur la route des vacances, à la fin des années 70. En train ou au volant d'une Alfa Romeo décapotable, les juillettistes quittent Locquirec, les aoûtiens arrivent, sur une bande-son signée Mort Shuman. Les notes nostalgiques accompagnent les joies et les petits chagrins d'estivants qui se connaissent bien. Ils ont le visage de Guy Marchand ou Daniel Ceccaldi, play-boys français de l'époque, sans oublier de jeunes actrices aux charmes irrésistibles : Sophie Barjac et Anne Parillaud.

Il est aisé de marcher sur les pas des héros d'*Hôtel de la plage*. À Locquirec, je reconnais au premier coup d'œil le fameux établissement : il s'agit du Grand hôtel des bains, rue de l'Église. Il a toujours « les pieds dans l'eau », possède toujours ce parc où il est plaisant de dîner sous les tilleuls. Dominique Van Lier, l'actuel propriétaire, déjà présent en 1977, se souvient de tout, fourmille d'anecdotes. Le curé du film, ainsi, était interprété par un client suisse de l'hôtel, mécontent du désordre que le tournage occasionnait. Pour le calmer, le réalisateur lui confia ce rôle. Dominique Van Lier répond volontiers aux curieux qui l'interrogent : « L'hôtel était une pension de famille. Nous l'avons rénové, mais l'esprit des lieux n'a pas changé. » Il vend aussi, à la réception, le DVD d'*Hôtel de la plage* : « Les gens se font ainsi un plaisir de retrouver les lieux, les villas, les promenades qu'ils ont appréciés dans le film. »

Il est agréable, en effet, de se rappeler de ce qu'étaient les vacances dans une pension de famille de la côte bretonne, de ce qu'elles sont toujours. Les journées commencent par un petit déjeuner partagé dans la grande salle à manger. Les adultes nouent ou dénouent des intrigues sentimentales de saison et les adolescents imitent les adultes. On achète *Ouest-France* ou *Le Télégramme* dans la maison de la presse à côté de l'église. L'après-midi, quand le soleil hâle les peaux, on joue au volley-ball ou on flirte sur la plage. Parfois, l'hôtel Armor, dans le centre, est le théâtre de quelques entorses aux contrats de mariage. Il faut dire que des petites Anglaises aguichent les messieurs d'âge mûr, quand ceux-ci ne sont pas partis pêcher en bateau au large de la baie de Lannion. Pour plus d'intimité, le chemin des Douaniers conduit vers de jolies criques abritées. Difficile de résister quand les vacancières ont la silhouette blonde de Sophie Barjac ou celle, brune, d'Anne Parillaud.

La grâce intemporelle d'*Hôtel de la plage*, finalement, tient beaucoup à ses jeunes actrices. Elles jouent au baby-foot dans un café, alors que la pluie tombe. Elles sortent en bikini bleu d'une cabine de bain, avant de s'allonger sur leur serviette de plage et d'écrire une lettre à leur amoureux lointain. Elles volent une voiture de sport et le petit ami de leur meilleure copine. Quand, lors d'une soirée "chanson", elles fredonnent *Un été de porcelaine* et qu'elles demandent au garçon qui vient de les embrasser : « Il faudra attendre onze mois avant de se revoir ? », j'ai la belle impression d'être toujours à Locquirec, au Grand hôtel des Bains : « Il y a quinze ans à peine/ Il y a quinze ans déjà/ Ma mémoire est incertaine/ Mais mon cœur lui n'oublie pas. » Et de retrouver, intactes, mes émotions d'adolescent qui revenait, après une trop longue année, à son sentimental port d'attache.

Capitaines, ô nos capitaines…

Comme tant d'autres cinéphiles, je garde en mémoire les vers de Walt Whitman, en hommage à Abraham Lincoln, président des États-Unis assassiné le 14 avril 1865, et déclamés par Robin Williams dans une scène devenue culte du *Cercle des poètes disparus* :

> « Ô Capitaine, mon Capitaine !
> Notre effroyable voyage est terminé
> Le vaisseau a franchi tous les caps, la récompense recherchée est gagnée
> Le port est proche, j'entends les cloches, la foule qui exulte,
> Pendant que les yeux suivent la quille franche, le vaisseau lugubre et audacieux. »

Laissant vagabonder mon esprit, porté par la scansion incroyable de Robin Williams, j'avoue que

« Ô Capitaine, mon Capitaine! », allié à cette vision d'un vaisseau qui franchit tous les caps, me transporte en Bretagne. Apparaissent alors mes chers aventuriers des mers, pirates et corsaires, mes chasseurs d'or et autres flibustiers, mes coureurs et rêveurs de l'océan. Tous ces héros de mes lectures et de mon imaginaire, je les aime et les ai célébrés avec mon frère Olivier, dans de nombreux ouvrages. Ils s'appelaient Surcouf, Jean Bart, Duguay-Trouin ou encore Jacques Cartier. Ils s'appelaient encore Alain Colas ou Éric Tabarly. Ils s'appellent toujours Olivier de Kersauson, Yvan Bourgnon, Philippe Poupon ou Armel Le Cléac'h. Des capitaines sur leurs vaisseaux au long cours, des aventuriers des flots qui, à leur tour, d'une pensée qui digresse, m'aiguillent vers d'autres capitaines qui, eux aussi, font la richesse de la Bretagne.

S'il semble toujours facile pour certains de dénigrer les hommes politiques et les entrepreneurs qui œuvrent pour la belle tenue d'un pays ou d'une région, je n'ai jamais voulu céder aux simplifications abusives. Même si j'ai toujours fait mienne la célèbre fulgurance de Pierre-Augustin Caron de Beaumarchais, dans *Le Mariage de Figaro* : « Sans la liberté de blâmer, il n'est point d'éloge flatteur, il n'y a que les petits hommes qui redoutent les petits écrits. » Je n'ai jamais craint de faire preuve d'impertinence auprès des puissants du jour. Ça m'a été reproché, par des présidents de la République, et ça m'a valu des mises au pilori. Aussi puis-je, la tête haute, affirmer que la Bretagne a toujours porté en son sein de fines lames politiciennes, serviteurs de l'État, comme aujourd'hui Jean-Yves le Drian, ou Marc Le Fur, et des entrepreneurs comme il en existe dans peu d'autres régions.

J'ai immédiatement une pensée, tendre et triste, pour Patrick Le Lay, qui s'en est allé à 77 ans, alors que j'écrivais ces lignes. Né à Saint-Brieuc, ayant fait ses études à Rennes, il a vraiment créé quelque chose, un empire : TF1, où j'ai eu la chance et le plaisir d'œuvrer à ses côtés. La première chaîne télévisée française, à la fois en audience, bien sûr, mais aussi en prestige, en influence. Patrick a abattu un travail colossal avec Étienne Mougeotte. Tous les salariés qui travaillaient pour lui le respectaient et l'admiraient. Il était rude mais ne pratiquait pas la traîtrise. Jamais un coup bas, et toujours sachant aider. Par exemple, avec Patrick Le Hyaric, ami breton lui aussi, qui était le patron de *L'Humanité*. *L'Humanité* n'allait pas bien et Patrick Le Lay a financé par lui-même un plan pour pouvoir aider un journal qui ne correspondait pas vraiment à ses idées. Ce qui caractérisait Patrick Le Lay, c'était avant tout la loyauté à ses valeurs, des valeurs bretonnes. Il tenait énormément à la Bretagne. Il la portait en lui depuis sa naissance. Il lui devait beaucoup, tant son caractère que son physique à toute épreuve, et il a toujours voulu le lui rendre. Il a essayé d'apprendre le breton parce qu'il ne le parlait pas. Ça a été tout une aventure, à laquelle j'ai participé, puisque nous avons partagé tous les deux le même professeur de breton. Juste avant de créer une chaîne, TV Breizh, dont il m'a demandé d'être le vice-président, et qui était chargée de véhiculer toutes les valeurs bretonnes qui nous étaient « chair » et qui le sont toujours, pour Patrick, là où il repose aujourd'hui.

Bien vivant et sur tous les fronts, véritable mousquetaire de l'industrie, après avoir succédé à son père Michel en 2006, Michel-Édouard Leclerc incarne quant à lui une Bretagne souriante et décontractée, mais aussi combattante, puisque imposer son nom, aussi puissamment qu'une marque, dans l'univers de la grande distribution, est un sport de compétition. Mais il faut savoir que, à qui a grandi à Landerneau, cette terre de têtus, rien n'est impossible. Et chaque jour, Michel-Édouard montre sa maestria d'entrepreneur.

S'il est une famille qui porte haut et fort les couleurs du Gwenn ha Du, c'est bien le clan Bolloré. Puissant dans des domaines aussi variés que la logistique, les médias, la communication, le transport ou encore l'agriculture, Vincent Bolloré a su faire de son groupe un empire implanté dans une centaine de pays. Tout est pourtant parti d'une petite commune du Finistère, Ergué-Gabéric, où est né le père de Vincent : Michel. Les Bolloré y sont installés depuis 1822, non loin de Quimper. Le manoir ancien, niché au fond d'un cratère végétal baigné par un Odet encore torrentueux, est entouré de moulins à papier, de logements ouvriers et d'une jolie chapelle bretonne. Les papeteries Bolloré y inventèrent le papier fin qui eut des emplois célèbres dans les publications religieuses des éditions Mame, dans la Bibliothèque de la Pléiade, dans l'industrie des isolants électriques ou auprès des rouleurs de cigarettes du monde entier. Le vice-président de ces papeteries était Gwenn-Aël Bolloré. Un éditeur qui a beaucoup compté pour moi. Il est mort un jour de l'été 2001, après avoir eu la plus riche et trépidante des vies. Gwenn-Aël était un héros français. Ce grand résistant avait rejoint l'Angleterre à 16 ans, après avoir vendu son cheval afin de s'acheter une embarcation de fortune. Il avait été un des premiers Français, membre du commando

Kieffer, à débarquer avec les Alliés, le 6 juin 1944 à Ouistreham. Compagnon de la Libération, chevalier de la Légion d'honneur, Croix de guerre, médaillé de la Résistance, il était aussi un explorateur passionné des fonds marins et avait été le premier à remonter un coelacanthe, poisson des grands fonds que l'on croyait disparu. Mais la première passion de Gwenn-Aël, celle qui nous a réunis avec l'amour de la Bretagne, était la littérature. Lui-même écrivain de talent, il avait la passion des gens de plume avec, toujours, le plus sûr des goûts. Les fameux « hussards » – selon l'appellation de Bernard Frank dans un article célèbre des *Temps modernes* : « Ils aiment les femmes (Stendhal, *Elle*), les autos (Buffon, *Auto-Journal*), la vitesse (Morand), les salons (Stendhal, Proust), les alcools (un peu tout le monde), la plaisanterie (leur mauvais goût) » – étaient ses amis. Roger Nimier, Jacques Laurent ou Antoine Blondin, fréquemment, étaient invités dans le manoir de l'Odet, demeure familiale des Bolloré. Et se retrouvaient au catalogue des éditions de la Table Ronde, maison de chevaliers des lettres qu'a dirigée Gwenn-Aël à partir des années 60. Mais il appréciait tout autant André Breton et Boris Vian, Henri Michaux et Paul Léautaud. En Breton plaçant plus haut que tout la littérature, Gwenn-Aël a fondé en 1961 le prix Bretagne, dont Vincent Bolloré est le mécène. Un jury que j'ai eu l'honneur de présider dix ans durant et où j'ai le plaisir de retrouver mes amis Philippe Le Guillou, Jean Piollec, Patrick Mahé et Gilles Martin-Chauffier, sans oublier Sébastien Le Fol, Jean Bothorel, et ces fines plumes que sont Annick Cojean et Stéphanie Janicot. Un prix ainsi défini par Kenneth White, lauréat 2006 : « Sortir la Bretagne de tous les enfermements dont elle a souffert, et sortir la culture celte de toutes les caricatures ignares ou malveillantes, dont elle a été victime. » Un prix dans lequel l'esprit de résistance et d'élégance de Gwenn-Aël Bolloré ne cesse de souffler, récompensant au fil des années des auteurs de talent tels que Jean-Luc Coatalem ou Jean-Paul Kauffmann, Mona Ozouf ou Anthony Palou, Lorraine Fouchet ou Stéphane Hoffmann.

Elles sont nombreuses les grandes figures bretonnes du patronat français que je pourrais évoquer. Mais je souhaite m'attarder sur celui qui incarne, mieux que personne, le fameux « Ô Capitaine, mon Capitaine! » de Whitman. Un homme que, justement, des journalistes, alors qu'il posait les mains dans les poches de son blouson et la tête protégée par un chapeau, qualifiaient de « capitaine au long cours ». Un homme qui se présente comme « Breton et Français ». Un homme, collectionneur et mécène, dont la destinée est fascinante : François Pinault. Souvent, lors de nos discussions, alors qu'il se livrait sur sa jeunesse bretonne et le lien charnel qui l'unit à ce pays, je l'ai encouragé à coucher sur papier ses souvenirs magnifiques, tant je les trouve touchants et tant ils s'apparentent à une leçon de vie. Et souvent, quand mon esprit s'évade, les mots de François Pinault me reviennent. Né en 1936, il a grandi à Trévérien, petit village d'Ille-et-Vilaine, entre Dinan et Saint-Malo. À l'époque c'était encore le XIXe siècle, la vie était austère, « à la dure », mais personne n'était malheureux. À l'âge de 5 ans, François Pinault a vu arriver les soldats allemands. Qui ont torturé devant lui son père, membre d'un réseau de Résistance. Sans doute pour que François parle. Mais François n'a rien dit, n'a pas dénoncé les amis de son père. Un père cultivateur. La ferme familiale faisait environ une douzaine d'hectares. Le blé était cultivé. Il y avait du foin et une douzaine de vaches, qui permettaient de produire du lait et du beurre. François Pinault gardait les vaches, travaillait dans les champs, tournait la baratte. Ça forge un caractère. La scierie ne fonctionnait que deux ou trois mois, pendant l'hiver. Longtemps, François Pinault a été le seul patron du CAC 40 à savoir abattre un arbre. Son père est mort en 1959, à la suite d'une piqûre de frelon sur la nuque. Un médecin aurait pu le sauver, mais il n'y en avait pas dans le village. François Pinault est parti s'installer à Rennes. Sur la route de Lorient, à proximité de l'actuel stade de football de la ville, il a trouvé un terrain, y a monté sa boîte et fait venir le stock de bois de la scierie familiale. Ses concurrents locaux disaient alors : « Il va se casser la gueule, le petit jeune. » La suite est connue. Quelques années plus tard, c'est dans une galerie rennaise qu'il a attrapé le virus de l'art en allant voir une exposition consacrée à l'école de Pont-Aven, avant d'acheter à Londres, chez Sotheby's, son premier tableau, de Paul Sérusier : une Bretonne dans une cour de ferme, qui le faisait penser à sa grand-mère. Aujourd'hui, quand il s'installe dans sa maison de Dinard, par beau temps, François Pinault espère apercevoir les côtes de Guernesey, lui qui récite encore par cœur le poème de Victor Hugo que lui avait appris son institutrice, Mme Cadiou, alors qu'il avait 6 ans :

> « Mon père, ce héros au sourire si doux,
> Suivi d'un seul housard qu'il aimait entre tous
> Pour sa grande bravoure et pour sa haute taille,
> Parcourait à cheval, le soir d'une bataille,
> Le champ couvert de morts sur qui tombait la nuit. »

Ce n'est pas par hasard que notre homme a financé tout récemment la restauration de la maison de Victor Hugo à Guernesey… Que se dit alors François Pinault ? Que Guernesey est un bout de Bretagne qui s'est détaché. La Bretagne ainsi est partout, et plus encore, dans le cœur de ceux qui ne cessent de la chérir et d'œuvrer pour elle. Il l'a prouvé en rachetant la très ingénieuse Compagnie du Ponant, fondée il y a plus de trente ans par Jean-Emmanuel Sauvée et une dizaine de jeunes officiers de la Marine Marchande. Aujourd'hui onze bateaux de croisière flottent sous ce pavillon. Ce que fait toujours François Pinault, en finançant le reboisement de la forêt de Brocéliande, en partie ravagée par un incendie, et en soutenant la restauration de l'église de la Baussaine et celle des vitraux de l'église de Trévérien. Un franc sourire aux lèvres, il aime expliquer qu'il se devait d'aider la commune de Trévérien. Alors qu'il était gamin, avec un de ses copains, il s'amusait à caillasser les vitraux de l'église au lance-pierres. À l'époque, il n'avait pas été dénoncé. Soixante ans plus tard, il est certain qu'il est pardonné.

La possibilité des îles

En Bretagne, les îles sont légion, un collier infini à la surface de l'océan, un appel à la fugue autant qu'une invitation à s'ancrer. Elles sont des grains de beauté qui parsèment la géographie intime. Chaque île possède son histoire, sa mélodie unique. Il existe chez nous un dicton célèbre, un proverbe bien connu, que j'ai entendu pour la première fois enfant, tel un mot de passe qui circule de bouche à oreille, d'une génération l'autre :

> « Qui voit Ouessant voit son sang,
> Qui voit Molène, voit sa peine,
> Qui voit Sein, voit sa fin,
> Qui voit Groix, voit sa croix. »

Certains ont pu être effrayés par un tel lexique : sang, peine, fin, croix. Faut-il y entendre de la violence ? J'y vois pour ma part la poésie des éléments, mer et terre mêlées, à apprivoiser. Même par très beau temps, quand le soleil irradie le ciel, la grâce sauvage des îles ne se donne pas facilement à ceux qui désirent l'approcher. Et quand le ciel veut faire connaître son humeur frondeuse, il faut alors braver les flots, ces enfants très remuants de Poséidon, et les tempêtes encore grisées de leur traversée océanique. Mais une fois le vent dépassé, sable blanc, crique apaisée et eaux translucides ont souvent la délicatesse de s'inviter.

Il est impossible d'embrasser d'un même baiser les quelques sept cents îles et îlots que compte la Bretagne. Chacune possède sa propre vie intime, secrète, ses mystères, loin des troubles d'un monde qui, de plus en plus souvent, ne tourne plus rond. Chacune, toujours, fascine ceux qui, à distance, décident de l'appréhender, la fouler, la comprendre.

Parmi les îles bretonnes, Ouessant sans doute a une place à part. Dernier caillou avant l'océan, comme le dit la légende. Dernière terre avant l'Amérique. Vaisseau amiral du reste des îles. J'aime m'y rendre depuis Le

Conquet, son port en contrebas, après avoir flâné dans le petit centre de la ville, m'être arrêté à la maison de la presse qui vend aussi cartes postales, souvenirs et romans. Là-bas je me charge des hebdomadaires et quotidiens nationaux et, bien sûr, de *Ouest-France* et du *Télégramme*, les deux institutions de la presse bretonne. Si chaque titre a ses *afficionados*, je prends plaisir à lire les deux journaux, d'une belle qualité et qui savent avec style me raconter la vie des « gens d'ici », la vie des paysages et des marées, sans omettre de donner à comprendre la vie politique nationale et internationale. En matière de diffusion, *Ouest-France* est le premier quotidien français, toujours empreint d'une forme de catholicisme social, longtemps transmis par les éditoriaux de son patron « historique », François-Régis Hutin. *Le Télégramme*, très présent dans le Finistère, du côté de Brest et de Quimper, est volontiers plus taquin, parfois poil-à-gratter, ancré dans une tradition laïcarde. Pour les départager, je prends aussi l'excellent mensuel *Bretons*, si délicieusement chauvin dès qu'il s'agit de parler Bretagne. À les lire, c'est là qu'on vit le mieux, qu'on est le plus malin, que les paysages y sont rois et les initiatives reines. J'ai beau essayer d'ergoter : ils n'ont pas tort du tout !

Avant d'embarquer pour Ouessant, je ne déteste pas faire une halte gustative dans l'une des meilleures crêperies du Conquet : Le Relais du Vieux Port. Salées ou sucrées, les crêpes y sont à se damner. De quoi bien me calmer l'appétit avant les 45 minutes de traversée jusqu'à Ouessant. L'île se découvre à pied ou à vélo. C'est le rythme qu'il faut pour ne rien perdre des merveilles qu'elle offre : ses phares, ses falaises, ses rocs, ses vertes contrées, la mélodie du vent, les chevaux et les moutons couchés sur la dune. La liste des plaisirs de Ouessant est infinie. Sans oublier les rencontres avec ceux qui y habitent. Ils sont huit cents à vivre sur celle qui a été appelée « L'île aux femmes » ou « L'île des naufragés », tant elle aimantait bateaux et navires qui, aveuglés par la nuit trop noire, y fracassaient leur coque. Ils sont l'âme vivante de ce bout de terre où j'aime me ressourcer.

J'ai une grande tendresse pour Molène, qui me semble parfois plus mal-aimée que Ouessant, ou moins connue. Les Anglais, eux, n'ont pas oublié l'île à laquelle, en remerciement aux habitants qui avaient enterré en 1896 les centaines de naufragés du navire britannique *Drummond Castle*, ils avaient offert une citerne d'eau douce. J'y pose mon sac tous les cinq ans environ ; j'y ai passé l'été dernier quelques jours enchanteurs en compagnie d'Anaïg et de François Cuillandre, le maire de Brest.

À Belle-Île, j'admire autant les pierres – les menhirs Jean et Jeanne, les falaises, les pierres de la Citadelle – que les douceurs de ce bout de terre : le charme de Sauzon, les trésors du ciel aux incroyables jeux de lumière, si subtils aux yeux de Matisse qu'il les voyait d'une « difficulté colossale ». Pour jouir tranquillement des plaisirs de Belle-Île, mieux vaut s'y rendre au sortir de l'hiver ou au début de l'automne. C'est ce que faisait la tragédienne Sarah Bernhardt qui, une des premières, tomba amoureuse de l'île et y retourna jusqu'à sa mort en 1923 : « J'aime Belle-Île pour sa solitude, son silence, sa sauvagerie, pour ses pêcheurs, pour tous les spectacles splendides que la nature y organise, pour tout ce que j'y trouve de rêves, d'idéal et de beauté. » Sarah Bernhardt à laquelle une autre passionnée de Belle-Île, Françoise Sagan, cet éternel « charmant petit monstre » qui aimait s'y rendre avec ses amis Bernard Frank, Jacques Chazot ou encore Florence Malraux, consacra un ouvrage où Belle-Île avait la part belle : « Belle-Île a un double visage : sur la mer, il y a des falaises, des rochers, des vagues, des échancrures tragiques, des écumes. Toute une tragédie se joue sur ses rivages, sur ses bords plutôt. Mais à l'intérieur, dès qu'on a passé ses récifs, se déroule la campagne la plus plaisante [...] une sorte d'image d'Épinal de la campagne, et cela correspondait exactement à mes deux visages, enfin aux deux visages que je fréquentais de moi-même. » Ma fille Dorothée réalisa à Belle-Île un documentaire sur Sarah Bernhardt pour ma série « Une maison, un artiste », et mon frère Olivier y passe quelques-uns de ses quartiers d'été.

Groix, si souvent glorifiée dans les livres de Lorraine Fouchet, me fait toujours penser à un délicat récit d'Irène Frain. Le mot « île » est pour elle semblable à un coquillage d'où les plus touchantes histoires s'évadent. Celle, notamment, de l'enfant qu'elle était quand, en juin, l'envie familiale de fuir la vie petite, étroite, s'imposait malgré le manque d'argent. Irène se souvient de la voix de sa mère : « Si on prenait le bateau ? Si on allait à Groix ? » Dès l'annonce de l'expédition, Irène trépignait, se rêvait déjà à bon port. Son père s'amusait : « Normal ! Qui voit Groix voit sa joie ! » Breton des terres, il redoutait la mer au point de n'y entrer jamais qu'à hauteur de ceinture. Aussitôt, la mère d'Irène protestait : « Non, qui voit Groix voit sa croix ! Quand ça vente, les chalutiers ne sont pas sortis d'affaire avant Belle-Île. » Au final, le père avait le dernier mot : « Mais non, ce n'est pas croix qui rime avec Groix, c'est joie ! » Toute la famille d'Irène y croyait, en cette magie de l'île, capable de donner de nouvelles couleurs à un quotidien bien trop âpre. Et le temps d'une journée, Groix justement n'était que feu de joie, en affichant dès Port-Tudy, où accostait le bateau, son clocher coiffé non pas d'un coq, mais d'un thon, jusqu'à la pharmacie du port qui la jouait *Alice au pays des merveilles*, pour reprendre la comparaison d'Irène, en proposant, à côté des obligatoires crèmes solaires, des pellicules photo, des bonbons ultra-sucrés, pas médicinaux pour un sou, des jeux de plage, des bouées canards... Après avoir marché une bonne heure, les yeux d'Irène brillaient de bonheur face à l'offrande de l'île : une longue grève de sable rose en forme de boomerang. « La seule plage convexe d'Europe », disent les gens de Groix – les « Grecs », comme on les surnomme toujours en rade de Lorient, alors qu'une bonne part de ses habitants descendent des envahisseurs vikings, comme l'ont prouvé les drakkars exhumés là-bas. Façon de dire, sans doute, à quel point les îliens, à Groix comme à Batz, Molène, Arz ou Hœdic, sont faits d'un autre bois que les gens du continent. Il y a quelques années, quand une tempête d'hiver a cruellement englouti la « plage-boomerang » d'Irène, personne à Lorient ne s'est étonné : encore une histoire d'îles ! Une remarque en rien désobligeante.

Au contraire. Juste l'énoncé d'une vérité belle, ainsi formulée par Irène Frain : « Tous les cailloux livrés aux grands vents de la mer celtique sont mondes à part, peuplés d'hommes et de femmes d'une force d'âme incomparable. »

Sein, à ras d'océan, la plus petite des îles habitées dans le Ponant, au bout de la pointe du Raz, est pour moi le berceau de notre France éternelle, en ce qu'elle a de plus héroïque. Sein appartient à l'histoire, puisqu'elle l'a créée. Sein est la mémoire combattante d'un pays qui ne veut pas mourir. Il est vital de se souvenir. Nous étions en juin 1940 et 133 hommes, des marins pêcheurs, quittent l'île. Direction Londres. Le plus jeune est âgé de 14 ans, le plus vieux a 54 ans. Le 18 juin, pourtant, comme la majorité des Français, les Sénans n'ont pas entendu l'appel du général de Gaulle, ni sa traduction bretonne, diffusée le lendemain sur les ondes de la BBC, par Charles-Marie Guillois, originaire du Trégor. Le 19 juin, un bateau en provenance d'Audierne, avec à son bord 95 militaires, fait escale à Sein avant de rallier l'Angleterre. Le 22 juin, les Sénans, regroupés autour d'un des rares postes TSF de l'île, entendent un nouvel appel de Londres. Leur sang ne fait qu'un tour : sur leurs bateaux de pêche, ils entrent en résistance. Quelques semaines plus tard, quand le général de Gaulle fera le bilan de ses maigres troupes, il ne se trompera pas : « L'île de Sein, c'est un quart de la France ! » Des 133 marins pêcheurs de l'île de Sein, ces résistants de la première heure, 32 ne reviendront pas de la guerre. Et c'est toute l'île de Sein qui recevra, en 1946, la Croix de la Libération. Le motif : « L'île a envoyé tous ses enfants au combat sous le pavillon de la France libre, devenant ainsi l'exemple et le symbole de la Bretagne toute entière. »

Il y a enfin de drôles d'îles, qui ne le sont qu'à moitié. Selon que la marée est haute ou basse, elles s'isolent du continent ou s'y rattachent. Ainsi le Grand-Bé face à Saint-Malo, l'île d'Illiec où échoua Charles Lindbergh, ou même, à portée de voix, les Glénans, ce paradis des amateurs de voile, l'île Berder, l'île Maudez ou encore les deux îles aux Moines, dans le golfe du Morbihan et au large du Trégor, parmi les îles les plus chères à mon cœur, îles où je me sens chez moi. Il n'y a pas si longtemps, j'ai pu y vérifier le formidable travail de la LPO, présidée par mon ami Allain Bougrain-Dubourg. Observer de près l'Île Rouzic, dite l'Île aux Oiseaux, est un enchantement de toutes les minutes. De là partent ou arrivent du monde entier albatros, fous de Bassan, guillemots et autres macareux. Et ce sont nos rêves qu'ils véhiculent dans ces îles.

Olivier Roellinger et les chefs

Trop souvent, j'ai entendu et lu cette ineptie : la Bretagne ne serait pas une terre de gastronomie. On n'y mangerait que des crêpes et des galettes-saucisses, en buvant du cidre. Comme aurait pu le dire Cyrano : c'est un peu court…

Il n'est pas inutile de rappeler que, en 2020, la Bretagne compte 43 chefs étoilés au guide Michelin. Des chefs qui, avec passion, savent sublimer les produits du pays, du terroir ou de la mer. Il n'est pas inutile non plus de rappeler que la gastronomie appartient depuis la nuit des temps à la tradition bretonne, pays d'agriculteurs et de marins pêcheurs.

Faut-il vanter la tendresse de nos artichauts, qui apprécient tant les hivers doux et les étés tièdes de

Saint-Pol-de-Léon ? Je n'hésite pas, en rappelant tout ce que cette culture doit au combat, dans les années 60, d'Alexis Gourvennec, personnage flamboyant dont je reparlerai plus loin.

Faut-il se priver de citer les mots du chef – doublement étoilé – Olivier Bellin, de l'auberge des Glaziks, à Plomodiern, qui célèbre la fraise bretonne et singulièrement celle de Plougastel ? Ils ont la saveur du produit évoqué : « Enfants, on nous emmenait, mon frère et moi, à la plage de Pentrez, près de Plomodiern. Le grand moment, c'était après la baignade : si j'avais été sage, j'avais le droit d'aller dans un bar commander une coupe de fraises à la chantilly. J'ai été marqué – j'avais 6 ou 7 ans – par le goût fabuleux des fraises. La meilleure cuillère, c'était la dernière : il ne restait que de la chantilly, une vraie chantilly maison, épaisse, riche, et une couche de marmelade de fraises. J'aime énormément le goût de la fraise. Quand j'étais chez Monsieur Robuchon, on faisait une tarte classique, pâte sablée sans rebord, un peu de confiture, fraises des bois plantées dessus et basta. Avec Jacques Thorel, à l'Auberge bretonne de La Roche-Bernard (Morbihan), j'ai découvert une autre fraise : celle d'Escoublac, près de La Baule. Le chef avait inventé un dessert à base de glace à la pâquerette et d'« infusion » de fraise, c'était un grand précurseur. La fraise de Plougastel authentique a un goût magique, iodé. Je l'utilise beaucoup en saison, pas seulement pour des desserts. J'avais mis au point un tube de meringue garni d'une salade fraise et tomate, avec à côté un sorbet de fraises et fenouil des dunes, qui a très bien fonctionné. » J'en ai l'eau à la bouche.

Remettons en lumière l'exergue du bulletin d'information du comité culturel des beurres salés de Bretagne, emprunté aux paroles d'un médecin italien du XVe siècle : « Comme la pie la poire, le Breton mange le beurre ! » En Bretagne, le beurre est salé, ou n'est pas. Il recouvre une belle tartine qui prend alors le nom de "beurrée". Il agrémente les plats les plus variés et s'accommode à merveille du sucré, du caramel au beurre salé au gâteau breton en passant par le redoutable kouign amann, qui signifie « gâteau au beurre ». On ne peut mieux le définir.

Ravivons le souvenir d'Uderzo, le père d'Astérix, ce héros gaulois, avec Goscinny découvrant la Bretagne où il rejoint son frère, pendant la Seconde Guerre mondiale, parce que « la Bretagne, c'est la pomme de terre ! » La pomme de terre alors lui a permis de ne pas souffrir de la faim. Roger Salaün, aussi, est un inventeur de génie. On lui doit en 1981 la création, dans son laboratoire du domaine de Trévarez, dans le Finistère, de la princesse des pommes de terre : la « Charlotte », valeur sûre de nos cuisines et régal de nos papilles.

En Bretagne Nord, deux étoiles au firmament : Patrick Jeffroy à Carantec (deux étoiles Michelin avant de tirer sa révérence) et Louis Le Roy, dit P'tit Louis, toujours aux fourneaux à Perros-Guirec (l'Embarcadère).

N'oublions pas non plus d'autres valeurs sûres : crêpes et galettes, telles qu'on peut les déguster au Théâtre, à Saint-Lunaire, où il m'arrive de retrouver mon complice des jours anciens, Nicolas Hulot, à l'Hippocampe, récemment ouverte à Trégastel par une énarque et son mari chef d'entreprise, et dans bien d'autres lieux magiques de Bretagne Nord et Sud signalés par les excellents guides du Routard (créés par Philippe Gloaguen, un Breton, évidemment !)

Et pour terminer, égrenons les coquillages de chez nous, qui font le bonheur de tous ! Le bigorneau, bien sûr, gris ou, de meilleure qualité, noir. La palourde, cachée dans le sable et la vase. L'ormeau, recherché tant pour sa chair que pour sa nacre. C'est mon préféré. Ne pas oublier la moule, la bernique ou le bulot. Et la reine : l'huître, qu'il me convient de déguster à Cancale, une ville dont les fondations sont justement faites de coquilles d'huîtres.

C'est un magicien des saveurs, un révolutionnaire des plaisirs de bouche : Olivier Roellinger. Il est l'âme de Cancale, où il est né et où j'aime tant me rendre. Des virées qui se décident, le plus souvent, sur un coup de tête, dans l'instant d'une envie soudaine. Le voyage à Cancale est un bonheur. Au petit matin, je saute dans un train, gare Montparnasse. Direction : Saint-Malo, désormais directement relié à Paris. En moins de trois heures, le temps de relire, par exemple, *La Guerre à 9 ans* de Pascal Jardin, *Daimler s'en va*, de Frédéric Berthet, ou *Une jeunesse en fuite* d'Arnaud Le Guern – autant de nostalgies du temps qui passe –, j'arrive à la Cité corsaire. Encore quelques minutes et je peux m'attabler à Cancale, face à la mer, sur le port de la Houle, déguster un muscadet d'une belle fraîcheur – par exemple un Amphibolite de Jo Landron – et ne pas oublier la recommandation d'Olivier Roellinger : l'huître ne se gobe pas, elle se mâche.

Pourquoi Olivier Roellinger est-il un chef d'exception, parmi les plus grands, un chef dont la fréquentation, amicale et gustative, me marque si durablement ?

Parce qu'il a appris à cuisiner pour croquer la vie après avoir été laissé pour mort, à Saint-Malo, suite à une agression à la barre de fer, alors qu'il était étudiant.

Parce qu'il a transformé sa demeure familiale de Cancale, une malouinière baptisée La Maison du Voyageur, en table d'hôte, Le Bricourt, en 1982.

Parce que son génie culinaire, alliance intime des produits locaux mêlés aux épices du monde, fait écho à ces vers de Rimbaud « C'est la mer allée/Avec le soleil », rappelant ainsi ce qui unissait les aventuriers maritimes de Saint-Malo et les Comptoirs des Indes, lui a permis de gravir le chemin des étoiles de la gastronomie : première Étoile Michelin en 1984, deuxième Étoile en 1988, élu cuisinier de l'année en 1994, avant d'obtenir, en 2006, sa troisième Étoile Michelin.

Parce que le tourbillon des Étoiles – dont il a préféré se détacher – ne lui a pas fait perdre ses fondamentaux : l'exigence et le plaisir en bouche.

Parce qu'il a su donner le goût à son fils Hugo de prendre sa suite, dans les cuisines des Maisons de Bricourt, et notamment au Coquillage, au Château Richeux, à Saint-Méloir-des-Ondes, où il aime lui aussi travailler les algues associées aux plus fines épices, quêtant une alliance parfaite du goût des abysses et des embruns portés par le vent.

Parce que les huîtres dégustées au Coquillage sont pour moi inoubliables comme l'étaient celles de son père. La recette d'Hugo ? Huîtres aux aromates et épices : citron confit, « Poivre des Mers », algues et sarrasin grillé.

Une fois rassasié, j'apprécie toujours une promenade dans Cancale, flâner devant les étals des ostréiculteurs qui vendent leur produit à côté du sémaphore, remonter la jetée de la Fenêtre, me perdre dans le Cancale des pêcheurs, si typique avec ses petites maisons placées sous la protection de Sainte Marie. Ou alors je décide de partir plein ouest, en empruntant le chemin des douaniers, je rejoins la pointe du Hock, où toute la baie s'offre à mes yeux émerveillés. Quand le ciel est dégagé, le Mont-Saint-Michel se donne à voir, la Normandie est toute proche, je suis au bout de la Bretagne. Et je me rappelle des mots de l'écrivain Sébastien Lapaque, amoureux de Cancale, et de la cuisine d'Olivier Roellinger, comme je le suis : « Cancale. C'est un mot gourmand, un mot bleu, un mot iodé. Avant d'y arriver, on ne se lasse pas de se répéter le nom de ce port de pêche posé à l'extrémité de la baie du Mont-Saint-Michel, le regard tourné vers le soleil levant, tandis que Saint-Malo, la ville voisine, le port rival installé 15 kilomètres plus loin, contemple le couchant. À Cancale, la variété des bleus qui s'offre à l'émerveillement du voyageur depuis les pierres du quai de La Houle évoque la palette d'un peintre des mers du Sud. Sur la grève, les chalands à fond plat des ostréiculteurs ressemblent à de grosses baleines grises. Au loin, perdu dans des nuées roses, le triangle sombre du Mont-Saint-Michel s'élucide sous la ligne d'horizon. Observer la variation de ses couleurs, du lever du jour à la première heure du soir, est un enchantement. De temps à autre, il arrive qu'un rayon de soleil fasse briller l'épée de l'archange saint Michel au sommet de la basilique. Cancale est le centre d'un monde de sensations gourmandes, l'une des capitales de la cuisine bretonne. Et ce grâce à la renommée de ses huîtres plates et creuses. Mais aussi grâce à la révolution gastronomique accomplie ici par Olivier Roellinger, qui a imposé dans ses restaurants de

Cancale un usage singulier des épices, mêlant mémoire locale et souvenir de l'aventure maritime. »

En souvenir de Pierre Poivre, dont j'ai avec mon frère raconté l'épopée au XVIIIe siècle, qu'il en soit ici remercié.

La mer, que je vois danser…

Si je le pouvais, je ferais de la mer ma demeure, le palace de mes beaux plaisirs. Né rêveur, je la ressens inlassablement comme une seconde peau. Toujours, depuis l'enfance, elle est le tarmac de mes songes. J'ai la mer dans le sang. À la fois elle m'enveloppe de ses flots et me nourrit, m'inspire, esquisse les contours de mon âme.

La mer est bien sûr l'une des plus belles chansons de Charles Trenet, ce fou chantant dont la voix et le canotier nous faisaient naviguer. La mer danse le long des golfes clairs. J'aime moi aussi ses reflets changeants et ses reflets d'argent. Je l'aime sous la pluie et sous un ciel bleu d'été. Je l'aime car, oui, elle est une chanson d'amour qui a bercé nos cœurs pour la vie. Mais c'est quand même la mer Méditerranée, pas la mienne…

J'aime la mer comme dans un poème d'Antonin Artaud :

Il se sera perdu le navire archaïque
Aux mers où baigneront mes rêves éperdus,
Et ses immenses mâts se seront confondus
Dans les brouillards d'un ciel de Bible et de Cantiques.

Elle est celle que mon premier regard quête dès que je rentre en terre bretonne.

J'aime la mer dans les vers de Georges Perros :

La mer est jeune, quel âge a-t-elle
Elle est ce mur horizontal
Où s'appuyer quand rien ne va
Et rien ne va plus trop souvent
Cette béquille infatigable
Qui n'en finit pas de jeter
Sa parabole au fond des sables
Dans le cœur mat d'un coquillage
On l'entend encore chanter.

Oui, j'aime le chant de la mer dans le cœur mat d'un coquillage, j'aime la mer pour les mélodies qu'elle glisse à mon oreille : *Le Bruit de la mer*, pour reprendre le titre d'un texte émouvant de Franck Maubert, dédié à son vieil ami Pierre Le-Tan, qui était en train de partir, pendant que Franck écrivait sa flânerie le long des côtes de l'ouest.

J'aime la mer avec respect, pour reprendre les mots de Paul Morand, cités par Maubert : « Il faut avec respect aborder la Bretagne ; rétive aux caresses, elle se retirerait plutôt du visiteur. Mais ensuite combien sa beauté sait le retenir… La Bretagne, c'est ce qu'il y a de plus beau en France. » Avec Maubert, j'arpente la Bretagne Sud, la Bretagne Nord, dans une vieille Peugeot 404 de collection. Direction la fin de la terre, d'une départementale l'autre. Voici Riec-sur-Bélon. Voici Pont-Aven sur les traces de Gauguin. Voici l'Île-Tudy, cet ancien village de pêcheurs, « à fleur d'eau ». Voici Sainte-Marine et son café de la Cale où, comme Maubert, j'ai eu plaisir à retrouver Philippe Poupon et sa femme Géraldine Danon, de retour de lointains voyages en mer à bord de *Fleur Australe*. Géraldine dont les mots me laissent rêveur : « La mer répond à toutes nos questions, il suffit de la vivre et de l'observer attentivement, longtemps. » Voici Concarneau et sa ville close. Voici la pointe de Penmarc'h et son phare d'Eckmühl. Au loin, l'île aux Moutons et les îles de Glénan, la baie d'Audierne, les rochers de Saint-Guénolé, l'île Tristan. Voici la pointe du Raz, là où « la France plonge dans l'océan ». Voici la presqu'île de Crozon et Morgat. Et je repense à ces mots fameux de Baudelaire : « Homme libre, toujours tu chériras la mer… »

J'aime la mer calme, telle une belle endormie, et je l'aime qui se réveille en douceur ou brutalement, s'agite, plus tempétueuse que coléreuse. Il s'agit alors de ne pas la brusquer, de ne pas s'imaginer plus fort qu'elle. La puissance de la mer est inégalable et la défier est la plus cruelle des erreurs. Ceux qui s'y aventurent y risquent leur vie. Alors qu'à une distance, les éclats tumultueux de la mer ont la splendeur d'une colère des dieux.

J'aime la mer et ses ports, de pêche ou de plaisance. J'aime la mer et ses plages. Chaque port est unique, tout comme chaque plage. Les nommer, comme une prière adressée à la beauté des « choses de la vie », comme un poème de ce qui nous est le plus précieux ici-bas.

La plage du Port-Hue, à Saint-Briac-sur-mer, et son sentier des douaniers qui joint Dinard à Saint-Lunaire.

Là, un arrêt s'impose au Théâtre de ma petite-fille Gwenaëlle.

La plage de Sables-d'Or-des-Pins, entre Erquy et le cap Fréhel, immortalisée par Étienne Daho dans *Tombé pour la France* :

« Be-bop, pieds nus sous la lune, sans foi ni toi ni personne
Je crois bien que j'f'rais n'importe quoi
Pour te voir
Cinq minutes encore à Sables-d'Or près des dunes
Je te raconterai n'importe quoi
Ce sera bien. »

La plage du Guerzido, sur l'île de Bréhat, lieu magique, crique mêlant sable et galets comme nulle part ailleurs. C'est là que je retrouve mon vieil ami très talentueux, Antoine Dulery, pour un bain d'algues vivantes.

La plage de Tahiti, à Carantec, dans le Finistère Nord, aux parfums de vahinés et de fleurs en colliers, qui donne envie de se prendre pour Robinson Crusoé. La même existe à Trégastel, sur l'île Ronde.

La plage de Morgat sur la presqu'île de Crozon qui, en trompe-l'œil, peut évoquer les calanques marseillaises ou celles de Cassis qui, chaque année, font mon bonheur le temps du Printemps du livre, où je convie les écrivains que j'aime.

La plage de Saint-Jean, à Douarnenez, au sable couleur or, surplombée par une chapelle en granit datant du XVIe siècle.

La plage des Sables blancs, à Concarneau, où, au coucher du soleil, si l'on est chanceux, on peut apercevoir le fameux "rayon vert" si cher à Éric Rohmer qui le voyait, lui, sur la côte basque à Guéthary.

La plage de Kerfany-les-Pins, dans le Morbihan qui, plein ouest, a des allures de petite Côte d'Azur épargnée par le tourisme de masse.

J'aime la mer à chaque heure du jour et de la nuit. Descendre le petit sentier ou les escaliers en pierre qui me rapprochent d'elle. Fouler les cailloux, les galets, le sable. Observer l'étendue d'eau. Être à l'écoute du clapot, des vagues. Goûter la mer au petit matin, m'y baigner dans l'air encore frais de l'aube, et sentir la tendre morsure de l'écume. L'horizon océanique alors m'appartient et le grand large m'aimante. Éviter la foule trop dense de certains après-midi. Y revenir la nuit tombée, autour de minuit, là encore nageur souvent solitaire, sous l'œil complice de la lune. N'être éclairé que par elle et retrouver la morsure des flots. Il n'est pas un seul jour de ma vie, hiver comme été, où je ne me suis baigné quand j'étais à Trégastel ou à Ploumanac'h, ne fût-ce qu'une minute.

J'aime la mer et ses héros d'hier et d'aujourd'hui, que je ne me lasse jamais de saluer, de célébrer. Aventuriers et navigateurs. Pirates et corsaires. Tabarly et Riguidel, Titouan Lamazou et Michel Desjoyaux, Laurent Bourgnon, Armel Le Cléac'h et François Gabart. Mais aussi Surcouf, Dugay-Trouin et Jacques Cassard, « le plus grand homme de mer que la France ait connu », selon la légende de l'époque.

J'aime la mer jusqu'à la révolte, quand on l'abîme. J'ai été marqué dans ma chair, plaie encore souvent à vif, cicatrice douloureuse, par ces drames qui ont sali le bleu de mon océan. Comment oublier le naufrage de l'*Amoco Cadiz*, le 16 mars 1978, au large de Portsall, et la marée noire qui a meurtri les eaux, les plages, le littoral ? Par trois fois, ma chère côte de granit rose a dû subir de tels assauts : le naufrage du *Torrey Canyon* en

1967, celui du *Tanio* en 1980 et donc, entre les deux, celui de *l'Amoco Cadiz.* 223 000 tonnes de pétrole ont sali 360 kilomètres de littoral entre Paimpol et Le Conquet. Je reste hanté par ce cauchemar : les images des oiseaux mazoutés et de cette épave de malheur qui s'enfonce hideusement dans les flots de ma mer adorée.

J'aime la mer et il m'est difficilement supportable d'être privé d'elle, comme en cette période de confinement sanitaire que nous avons tous vécue, et subie. Depuis le début, cette décision de fermer les plages m'est apparue comme une absurdité absolue. S'il y a des endroits calmes et purs ce sont bien les plages, tout comme les forêts, les montagnes et les sentiers de randonnée. Il faut un peu de logique et de discernement et ne pas confier à quelques technocrates parisiens le soin de décider ce qui est permis et ce qui ne l'est pas le long de nos côtes. De l'argent a été dépensé pour surveiller avec des hélicoptères les joggeurs isolés sur les plages !

J'aime la mer depuis Paris, en pensant tendrement à ma fille Morgane, qui vit à Trégastel et qui me décrit ses enchantements. Et qui m'incite à retrouver les flots au plus vite, et plus souvent.

J'aime la mer quand elle m'embarque. Et elle ne cesse de m'embarquer, de me faire voguer. Comme en 1996 lorsque, sur le catamaran d'Yvan Bourgnon, j'avais effectué la Transat Québec-Saint-Malo. Une aventure inoubliable, où il fallait être « stoïque et héroïque » pour reprendre les mots d'Yvan. La mer était rude, tourmentée, agressive, avec des vents qui dépassaient 50 nœuds, près de 100 kilomètres/heure. Nous étions arrivés sixièmes, après avoir connu un malheureux problème de descente de grand-voile, juste avant de toucher au but, fiers d'avoir battu de justesse le légendaire Mike Birch.

J'aime la mer : ma liberté et mon essence intime. Mon carburant d'écume et mon bol d'air.

Alan et les autres

C'était en décembre 2010. Une voix, déjà connue et aimée, une voix bouleversante, a touché et ému toute la France en faisant résonner aux oreilles de tous la langue bretonne et le gaélique irlandais. Nolwenn Leroy, native de Brest, sortait son album *Bretonne*, dans lequel elle se réappropriait avec grâce ses racines. Elle qui, dans ses toutes jeunes années, a dû être bercée par le *Bro gozh ma zadoù*, l'hymne de la Bretagne, et a forcément entonné cet autre hymne, signé Gilles Servat, *La Blanche Hermine*, aux paroles qui donnent la chair de poule :

> « J'ai rencontré ce matin devant la haie de mon champ
> Une troupe de marins d'ouvriers de paysans
> Où allez-vous camarades avec vos fusils chargés
> Nous tendrons des embuscades viens rejoindre notre armée

La voilà la Blanche Hermine vive la mouette et l'ajonc
La voilà la Blanche Hermine vive Fougères et Clisson !

Où allez-vous camarades avec vos fusils chargés
Nous tendrons des embuscades viens rejoindre notre armée
Ma mie dit que c'est folie d'aller faire la guerre aux Francs
Mais je dis que c'est folie d'être enchaîné plus longtemps
La voilà la Blanche Hermine vive la mouette et l'ajonc
La voilà la Blanche Hermine vive Fougères et Clisson ! »

Je me souviens avec émotion de la voix de Gilles Servat, de son visage, de son regard planté dans la foule, alors qu'il scande *La Blanche Hermine*, et j'ai été transporté par l'interprétation de Nolwenn où je retrouvais des mots et des mélodies avec lesquels j'ai grandi, des mots et des mélodies qui ont formé mon âme bretonne. *La jument de Michao*, et son célèbre petit poulain, popularisée par Tri Yann, ces joyeux drilles qui ont réussi à faire danser les foules en chantant également *Dans les prisons de Nantes* et *Le loup, le renard et la belette*. Dans *Bretonne*, je retrouvais surtout des morceaux mythiques, des hymnes, comme la *Suite sudarmoricaine* et le célèbre *Tri Martolod*. Des reprises d'Alan Stivell, qui ont fait rayonner la langue bretonne dans le monde entier.

J'ai plusieurs fois eu le plaisir de côtoyer Alan Stivell, de faire une tournée de la Saint-Patrick avec lui, converser en sa compagnie, écouter ses musiques envoûtantes. Né Cochevelou, en 1944, son nom d'artiste signifie « source » en breton. Et, en effet, Alan est la source du renouveau de la musique celtique, entre la fin des années 60 et le début des années 70. Il l'incarne comme personne, barde poétiquement armé de sa harpe, dont il tire des sons cristallins. La harpe d'Alan, ce n'est pas rien. Elle a été fabriquée par son père, Georges, semblable à celle qui figure l'emblème de l'Irlande. Alan a 9 ans quand il apprend à en jouer. Très vite, il devient sonneur dans un Bagad et sa notoriété grandit dans le pays. Féru de rock et de folk, de toutes les musiques en provenance des États-Unis, il a alors une idée de génie : mêler ces sonorités avec les mélodies qu'il tire de sa harpe. C'est l'invention de la pop celtique, qui fera rayonner la langue bretonne dans les endroits les plus inattendus du globe, de l'Australie au Canada.

Ceux qui y étaient se souviennent encore et me racontent le concert légendaire donné par Alan Stivell, le 28 février 1972, à l'Olympia. *Ouest-France*, relatant l'événement, écrivait qu'Alan venait d'accéder au statut de « vedette à part entière ». Marie Laforêt et d'autres personnalités étaient présentes dans la salle mythique, remplie. Les drapeaux Gwenn Ha Du s'agitaient, Xavier Grall pleurait de joie et l'envie de danser était irrépressible.

Pourquoi la Bretagne est-elle une terre si vivante ? À cette question apparemment saugrenue, une réponse simple s'impose : parce que les Bretons, d'ici et d'ailleurs, les Bretons de partout, aiment s'amuser. Festoyer, chanter et danser. En cette soirée de février 1972, la Bretagne – et plus largement le monde celte – partait à la conquête de Paris, de la France, non pas les armes à la main, mais la harpe sous les doigts. Pour Alan Stivell, cet Olympia a été une étape capitale. Auparavant, il pensait toucher le maximum de gens susceptibles d'être sensibles à sa musique, dans les limites de la compréhension de la langue bretonne. Désormais, les frontières étaient abolies et le monde se teintait des couleurs de la Bretagne. L'album enregistré lors de ce concert mythique à l'Olympia s'est vendu à plus de deux millions d'exemplaires. Alan Stivell, à de nombreuses occasions, se reproduira à l'Olympia. En point d'orgue : le 16 février 2012 pour fêter les 40 ans du concert inaugural de légende. Ce jour-là, j'y étais, ému comme rarement au cœur d'un public qui vibrait à l'unisson des mélodies d'Alan. Tous les titres de 1972 étaient interprétés dans de nouvelles orchestrations. Dan Ar Braz et Nolwenn Leroy rejoignaient sur scène celui qui allait rendre le plus touchant des hommages à son père et à Glenmor, ce grand ancien, dont le nom en breton signifie « terre-mer », le père de tous les bardes, ce poète à la longue barbe, cette âme révolutionnaire qui fut l'ami de Léo Ferré, Glenmor magicien de la langue bretonne, mort debout comme un menhir, à Quimperlé, le 18 juin 1996. Sur sa tombe, au cimetière de Maël-Carhaix, on peut lire ces mots d'Émile Le Scanv : « Et voici bien ma terre, la vallée de mes amours. »

Figure populaire de la Bretagne aux quatre coins du globe, Alan Stivell a été célébré par les plus grands musiciens. Tous l'ont invité à partager la scène ou des enregistrements : Graeme Allwright et Angelo Branduardi, Yves Simon et Kate Bush, Gabriel Yacoub et Idir, Laurent Voulzy et Francis Lalanne. Alan a permis l'éclosion de nombreux talents bretons, qui ont su à leur tour faire résonner les mélodies de notre pays. Je pense à Dan Ar Braz, avec lequel je partage un drame intime. Dan Ar Braz qui, après avoir vendu 2,5 millions d'albums, a amené son « Héritage des Celtes » jusqu'au Stade de

France et fait chanter la langue bretonne au concours de l'Eurovision. Je pense au regretté Yann Fanch Kemener, au poète Manu Lan-Huel et à Denez Prigent, jusqu'à Christophe Miossec qui ne cache pas son admiration pour Stivell : « Le grand choc chez moi, ce fut l'album d'Alan Stivell à l'Olympia. Je n'ai que 8 ans quand il sort, mais je comprends en l'écoutant qu'il se passe un truc. Pour les années 70, ce n'était pas ringard, c'était notre Pink Floyd à nous, toutes proportions gardées. »

Et c'est ainsi, tel un clin d'œil à Alexandre Vialatte, qu'Alan Stivell, ambassadeur unique par son talent et son aura de la musique bretonne, est grand.

Belle et rebelle

Un ami romancier aimait à me dire, lors de nos conversations, parlant avec passion d'une héroïne de fiction qu'elle était « belle et rebelle », en me précisant sa définition de rebelle : « belle deux fois. »

Parmi nos régions, à l'égal de la Corse et du Pays Basque, la Bretagne est belle et rebelle. C'est dans son caractère, dans ses paysages, dans son âme. La Bretagne est frondeuse. Toujours elle a su réagir face à l'adversité ou aux éléments qui ont cherché à la blesser, à l'abîmer. C'est ainsi qu'elle a su se préserver.

L'incarnation parfaite de cet état d'esprit pourrait être Astérix et son compère Obélix, faisant face aux légions romaines de Jules César afin que perdure le mode de vie de leur petit village gaulois. La Bretagne est notre petit village gaulois. Jamais fermée aux idées nouvelles, elle ne goûte pas qu'on la prenne de haut, ni qu'on lui impose des diktats venus d'ailleurs, et souvent de la capitale. Alors elle se fait chouanne, se révolte, elle est capable de prendre les armes pour défendre sa terre et son honneur.

Rappelons-nous les bonnets rouges de 1675, bien oubliés de nos jours : ce sont eux qui ont sonné la révolte sur la fiscalité. Les Bretons ont toujours été précurseurs de ces mouvements – je pense aussi à la Révolution française. J'aime l'idée qu'un pays se prenne par la main. Même si la région n'a pas toujours considéré qu'il fallait sonner les cloches du gouvernement. Mais on ne peut pas reprocher aux Bretons de rester les deux pieds dans le même sabot. Je pense notamment à la réalisation du réseau de quatre-voies « gratuites » de la région, il y a une soixantaine d'années. L'idée est venue des élus bretons. Ils ont réalisé des projets concrets qui leur ont permis de ne pas être dépendants. Et ils n'ont pas apprécié en 2013 ces espèces de portiques, « messagers » de la fameuse écotaxe, qui semblaient fliquer tout le monde. Tout un peuple alors s'est levé, arborant de nouveau le bonnet rouge et scandant : « Vivre, décider, travailler en Bretagne. » Dans les manifestations, les drapeaux Gwenn Ha Du s'agitaient et « La Blanche Hermine » de Gilles Servat était reprise avec force telle une mélodie de ralliement. Des portiques ont été démontés, d'autres ont été détruits. Des manifestations qui rappelaient celles menées, dans les années 60 et 70, par les paysans bretons. Un homme que j'ai beaucoup rencontré par la suite, s'était fait remarquer : Alexis Gourvennec, syndicaliste et grand patron de la révolte agricole, qui nous a quittés en février 2007. Il a été le premier à forcer les grilles de la sous-préfecture de Morlaix, avec ses tracteurs et ses artichauts. Pour désenclaver le Finistère et permettre aux agriculteurs d'exporter leur production de l'autre côté de la Manche, il a ensuite créé la compagnie Brittany Ferries en 1972, dont la majorité des capitaux étaient détenus par des agriculteurs. Un homme impressionnant. Il était passionnant, pour le jeune journaliste que j'étais, d'observer ce monde en pleine mutation, qui, malgré les difficultés, ne s'était pas arc-bouté, et avait trouvé ses propres solutions.

Belle et rebelle, la Bretagne l'est par ses paysans, mais aussi par ses marins pêcheurs, au métier si difficile, qui savent ferrailler contre les vents contraires et les aléas de la concurrence étrangère. Le 4 février 1994, Rennes a été le théâtre de leur colère, dans une journée qui s'est achevée par un drame : l'incendie du Parlement de Bretagne, dont les circonstances précises demeurent floues. Un mois plus tard, un concert de solidarité était organisé au palais omnisport de la ville, afin d'aider à la reconstruction du monument classé. Sur scène se retrouvaient Denez Prigent, Gilles Servat, l'orchestre de Bretagne ou encore Alan Stivell qui avait composé et interprété « Parlament Lament », un chant funèbre en hommage au peuple breton malheureux.

Belle et rebelle, la Bretagne l'est dans ces mots de l'écrivain Morvan Lebesque, plume du *Canard enchaîné* et auteur, il y a cinquante ans, du pamphlet *Comment peut-on être Breton ?* : « La Bretagne n'a pas de papiers. Elle n'existe que si, à chaque génération, des hommes se reconnaissent bretons. À cette heure, des enfants naissent en Bretagne. Seront-ils bretons ? Nul ne le sait. À chacun, l'âge venu, la découverte ou l'ignorance. »

Belle et rebelle, la Bretagne l'est toujours en préférant la découverte à l'ignorance, dans la lignée des aventuriers, des héros et héroïnes qui sont sa chair et son sang.

Bernard et les autres

La Bretagne est une terre de champions, d'héroïnes et de héros de ce roman trépidant qu'est si souvent le sport. Dans toutes les disciplines, collectives ou individuelles, ils ont su me faire vibrer, porter haut l'âme et les couleurs de notre région, et rendre fier tout un peuple. Je ne peux que saluer ici, une nouvelle fois, mais « trop n'est jamais assez » pour reprendre les mots de Mick Jagger, les loups des mers qui ne cessent de nous faire rêver, ces navigateurs qui ont fait briller l'étoile de la Bretagne sur tous les océans du monde : Olivier de Kersauson, Éric Tabarly, Alain Colas, Titouan Lamazou, Eugène Riguidel, Joël Charpentier, Philippe Poupon et tant d'autres encore. À eux tous, combien de victoires remportées, de Route du Rhum, de tours du monde en solitaire, de Solitaire du *Figaro*, de Vendée Globe ? Il est inutile de tenir les comptes. Les rêves réalisés se moquent à raison des chiffres.

Le passionné de football que je suis a toujours eu une tendresse pour les clubs bretons. Même si mon cœur peut être incertain lorsque j'assiste, invité par François Cuillandre, le maire de Brest, à une rencontre opposant le Stade brestois à Reims, ce club de mon enfance et de mon adolescence, qui a bercé mes rêves. J'avais 8 ans lorsque le Stade de Reims accéda pour la première fois en finale de ce qui était à l'époque la coupe d'Europe des clubs, l'ancêtre de la Champions League. Le club affrontait le Real de Madrid. Je me souviens des maillots rouge et blanc de mon équipe et du brouhaha que l'on entendait depuis notre appartement les soirs de match. Cela venait du stade Auguste-Delaune. Reims : le club de Raymond Kopa, de Just Fontaine, de Roger Piantoni. Idoles de ma jeunesse. Une autre époque. Depuis, Reims tout comme Brest ont connu des hauts et des bas. Avant de retrouver la première partie de la Ligue 1. Où j'ai plaisir à les retrouver, tant les deux équipes ont gardé une tradition de beau jeu. Dans les tribunes du stade Francis-Le-Blé de Brest, je savoure la ferveur des supporters, qui font corps avec leur équipe. Fiers de chaque joueur en commençant par le jeune gardien, Gautier Larsonneur, parmi les meilleurs espoirs français à son poste, fils d'une famille de marins pêcheurs du Conquet qui, dès qu'il le peut, aime accompagner en mer ses parents sur leur chalutier.

Il n'y a pas que dans le football que les Bretons ont su se hisser au sommet. J'aime la grâce de la gymnaste Émilie Le Pennec, championne olympique à Athènes en 2004, l'élégance sauvage de la véliplanchiste Faustine Merret, autre médaillée d'or olympique, ou encore l'indomptable détermination de Valérie Nicolas, longtemps gardienne infranchissable de notre équipe de handball féminine. Je n'oublie pas Jean Galfione, ce perchiste d'exception, champion olympique en 1996 à Atlanta, en effaçant une barre de 5,92 mètres, qui aujourd'hui vit pleinement son autre passion : la voile. Galfione est un enfant du pays. Il y vit et sait trouver les mots pour l'évoquer : « La famille de ma mère est finistérienne. On venait toujours en vacances dans le pays bigouden. Forcément, je suis très attaché à la région. C'est un vrai choix de vie de m'installer ici. Je m'y sens chez moi. Je suis toujours triste de partir ; et toujours content de revenir. J'ai voyagé dans beaucoup de pays, sur tous les continents. Je mesure à quel point cet endroit est extraordinaire. J'aime cette côte qui peut changer d'aspect dix fois dans la journée. »

Oui, la Bretagne, en tous ses lieux, est le plus bel endroit au monde. Si ses routes, ses départementales, ne sont jamais très pentues et souvent fouettées par un vent humide, elles ont pourtant offert au Tour de France quelques-unes de ses plus fameuses légendes.

Originaire du Morbihan, bien que né dans les Ardennes, Jean Robic a marqué les esprits en remportant le premier Tour de France de l'après-guerre, en 1947. Un véritable exploit, alors qu'il n'était en rien favori. Surnommé « Biquet », « le nain jaune » ou « Casque de cuir », Robic était un petit qui n'avait pas peur des gros, n'hésitant pas à râler pour marquer et imposer son territoire. Même face à une autre légende bretonne, Louison Bobet : « Nous sommes bretons tous les deux, mais je suis un Breton authentique alors que Bobet est un Breton de l'extérieur. » Bobet ne se formalisait pas des provocations de Robic. Bobet était un dandy du cyclisme. C'était un dandy du cyclisme, né à Saint-Méen-le-Grand, en Ille-et-Vilaine. Roland Barthes lui a consacré une de ses « mythologies », le qualifiant de « héros prométhéen ». Son palmarès est riche de trois victoires consécutives dans le Tour de France, entre 1953 et 1955, d'un championnat du monde sur route, de victoires dans des épreuves et courses de haute lutte : Paris-Roubaix, Milan-San Remo, le Tour de Lombardie, le Tour des Flandres, Bordeaux-Paris ou encore Paris-Nice et le criterium du *Dauphiné Libéré*.

Et puis vint le roi Bernard. Bernard Hinault. Il est le champion le plus titré du cyclisme français – cinq Tours de France remportés, trois Tours d'Italie, deux Tours d'Espagne, neuf Classiques et un championnat du monde notamment – et il n'existe pas plus Breton que lui. Né à Yffiniac, dans la ferme de ses grands-parents, il effectue déjà quatre fois par jour, gamin, à pied ou à vélo, les 2,5 kilomètres qui séparent la ferme du bourg, afin de se rendre à l'école. Plus tard, pour se rendre au collège, ce sera quotidiennement plus de 20 kilomètres à vélo, notamment en grimpant la rude côte de Langueux où il tente de suivre les camions de livraison : « Chaque jour je guettais le moment propice, j'attendais un camion et je montais la côte à 40 ou 45 à l'heure, aspiré dans son sillage. Je mettais un point d'honneur à ne pas me laisser décrocher. » Têtu, frondeur, bagarreur, virtuose, tenace, passionné, Bernard Hinault, comme il est d'usage de le dire, est « de chez nous ». Son surnom est explicite : « le blaireau ». Il ne lâche jamais rien et, tel Cyrano, à la fin de l'envoi, il touche, et remporte toutes les mises. Peu importe s'il doit se battre au cœur de la tempête, ou face aux éléments déchaînés. En 1977, lors du Dauphiné Libéré, il est victime d'une violente chute. Il n'en a cure, il se relève et remporte l'épreuve. En 1980, lors de Liège-Bastogne-Liège, il neige, le froid est glacial, les dents claquent, les muscles de tous sont tétanisés. Hinault se surpasse et s'échappe, en solitaire, pendant 80 kilomètres. Un numéro de haute voltige. L'épreuve, une nouvelle fois, est pour lui. Un an plus tard, dans « l'enfer du Nord » de Paris-Roubaix, le ciel là aussi tombe sur la tête des coureurs. Pavés, boue, crevaisons, chutes sont de la partie. Dans la douleur, Hinault gagne et peste : « Paris-Roubaix, c'est une belle connerie ! » Breton et blaireau, Hinault ne mâche pas ses mots. Il sait envoyer du petit bois quand il le faut, ne se laisse démonter par rien. N'hésite pas à jouer des poings quand un syndicaliste se fait menaçant, sur Paris-Nice, afin d'interrompre la course ou quand un photographe veut l'empêcher de saluer ses coéquipiers.

Breton et blaireau, Hinault possède la reconnaissance du cœur. Ainsi, en remerciement pour sa victoire aux championnats du monde sur route en 1980, il dépose son maillot arc-en-ciel au pied de la statue de Sainte-Anne-d'Auray. Sa carrière brillamment achevée et son vélo raccroché, il s'ancre comme jamais en terre bretonne, devenant agriculteur et s'investissant dans l'agroalimentaire à travers son entreprise de distribution de produits pour les boulangeries-pâtisseries. Une vie d'après qu'il mène, comme lors des courses qu'il remportait, tambour battant. Quand il en a fini, il travaille le samedi et le dimanche à la ferme de Calorguen, dans les Côtes d'Armor. Il s'occupe des bêtes, traite les céréales, vérifie les clôtures, fait les foins. Il lui arrive de quitter la ferme à six heures du matin pour retrouver un de ses représentants, à l'autre bout de la Bretagne. Son grand moment de bonheur ? Quand il arrive dans le fournil d'un boulanger au lever du jour et que ce dernier lui dit : « Je pensais pas que tu serais venu chez moi parce que je suis tout petit. » La réponse de Bernard : « Il n'y a pas de petit, c'est comme dans une équipe de vélo, tout le monde a son rôle à jouer. » Sur les routes et dans la vie, Hinault est définitivement un seigneur de Bretagne, de France et de Navarre.

Au cœur des terres

Je n'ai pas la Bretagne exhaustive et il ne faut pas m'en vouloir. Nul oubli dans mes mots et mes pensées. Je porte la Bretagne tout entière en moi, la modulant selon les jours, l'état de ma mélancolie et de mes flâneries. Je m'y balade à ma guise, préférant toujours les chemins de traverse aux lignes trop droites. D'une pause balnéaire à une plongée dans les profondeurs de la campagne, je me sens toujours à la maison et, toujours, les mots de Xavier Grall, déjà cités, m'habitent : « Bretagne, multiple en son unité secrète ! »

Trop souvent certains, notamment les guides touristiques, ont opposé l'Armor et ses plages, ses îles, ses marais ou abers, à l'Argoat, pays de l'intérieur riche de ses bocages, talus, landes, ajoncs, fougères. L'un évidemment n'existe pas sans l'autre et le charme, si unique, de la Bretagne tient beaucoup en cet accord : terre-mer.

J'aime la Bretagne des bords de mer, du littoral, des sentiers à flanc d'océan. J'aime tout autant la Bretagne des grandes villes, où il fait bon vivre. Et j'aime la Bretagne des terres, la Bretagne des forêts et des chemins de ferme. La Bretagne des bois et des calvaires, des chapelles et des landes. La Bretagne des paysans, des champs de maïs et de blé. Une Bretagne que je ne me lasse pas d'arpenter.

Je me souviens de mes virées du côté de Huelgoat qui, en breton, signifie « le bois d'en haut », dans les monts d'Arrée, là où coule un torrent et où une forêt de plus de 1 000 hectares ne demande qu'à happer chaque curieux. L'envoûtement a encore opéré au moment où je réalisais ces lignes après un raid à vélo sur les traces de Victor Segalen. Je me suis retrouvé littéralement écrasé par un sublime chaos de blocs rocheux qui n'existent qu'ici. Je me promenais entre les chênes, les hêtres et les châtaigniers. J'étais toujours autant intrigué par la fameuse roche tremblante et par la grotte d'Artus. Qui est cet Artus ? Tout simplement la déformation d'Arthur, le légendaire chevalier de la Table Ronde. Une promenade qui m'incita à aller déguster un succulent Kig-Ha-Farz, ce « pot-au-feu breton » comme il est souvent qualifié, qui avait cuit une belle partie de la journée dans la cheminée, au rythme du feu de bois. Le plus roboratif des plats qui tient tout son sel, ou une jolie partie, dans l'utilisation d'une farine de blé noir.

De la forêt de Huelgoat à la forêt légendaire de Brocéliande, il y a un peu plus d'un pas, mais mes pensées aiment virevolter de l'une à l'autre. Brocéliande est un mythe et l'une de nos mythologies bretonnes, au sens où Roland Barthes aurait pu en parler. Berceau de la légende arthurienne où apparaissent, dans des textes datés du Moyen Âge, Merlin, les fées Viviane et Morgane, le Val sans Retour où les fées pourchassent les hommes infidèles et se heurtent à Lancelot, ainsi que la fontaine de Barenton qui se joue de la pluie. Brocéliande est aussi une rescapée, grandement meurtrie en 1990 par un incendie ravageur. Brocéliande surtout est bien plus qu'une simple forêt. Autour de Paimpont, 7 000 hectares d'arbres, de fougères, de landes et d'étangs, ici et là, ménagent dans le tissu végétal de grands puits de lumière. S'y balader, s'y perdre pour mieux s'y retrouver, revêt pour moi les charmes mystérieux d'un pèlerinage. Au bord d'un étang, l'abbaye de Paimpont, majestueuse, vous aimante immédiatement, pousse à se laisser griser par l'atmosphère magique qui se devine. Plus loin, les forges de Paimpont, installées depuis 1656, sont une étape obligée avant d'être envoûté par les contes que la forêt sait murmurer au creux de l'oreille. Face au chêne à Guillotin, je me sens minuscule. Il est vrai que sa circonférence avoisine les 10 mètres et qu'il serait âgé d'au moins 1 000 ans. En 1791, il aurait abrité en son creux l'abbé Guillotin, prêtre réfractaire poursuivi par des révolutionnaires. Une araignée aurait alors tissé une toile devant l'entrée, dissuadant ses poursuivants de le chercher à cet endroit. Je ne sais trop si cette histoire correspond à la vérité historique, mais j'avoue qu'elle me plaît et je me permets de la faire mienne. Tout comme je m'accapare l'imaginaire arthurien du château de Comper et le lac Viviane, dans lequel Merlin édifia en une nuit, pour la fée de son cœur, un palais de cristal, invisible aux yeux des humains, à l'exception de ceux dont l'âme est pure.

À Brocéliande, tous les sens sont en éveil et l'esprit ne peut que fuguer à sa guise. Dans la fontaine de Jouvence, lors du solstice d'été, les bébés étaient lavés et inscrits sur un registre. Ceux qui n'avaient pas été recensés l'année de leur naissance l'étaient la suivante. Considérés comme des nouveau-nés, ils étaient ainsi rajeunis d'un an. Cette fontaine était-elle le secret bien caché, des siècles plus tard, de Dorian Gray et Benjamin Button ?

Il existe une autre fontaine, celle de Barenton, lieu de rencontre de Merlin et Viviane, qui exaucerait les vœux. Il m'a été permis d'en avoir confirmation. Ou alors l'ai-je rêvé ? Je n'ai en tout cas jamais pris le risque de verser de l'eau sur la pierre plate à côté de la fontaine. Un tel geste inconscient provoquerait foudre et tempête. Mieux vaut poursuivre son chemin et se recueillir devant le tombeau de Merlin et dans l'église du Graal, restaurée de 1942 à 1953 par l'abbé Gillard, dont la statue en impose devant l'entrée, où, au-dessus du porche, on peut lire cette phrase énigmatique : « La porte est en dedans. ». Le chemin de Croix a pour décor le val sans Retour, le Christ est peint aux pieds d'une Morgane aux allures de pin-up, la Table ronde et celle de la Cène se confondent, une imposante mosaïque signée Odorico représente un grand cerf blanc et quatre lions rouges (symbolisant à la fois Jésus et les évangélistes et un épisode de la quête du Graal). Pourquoi ce val est-il « sans retour » ? Parce nous pénétrons dans le domaine de Morgane, qui enchanta toute la vallée où elle retenait prisonniers les hommes infidèles, à l'image du chevalier Guyomard. Celui-ci, ayant osé tromper la fée, se retrouva pétrifié sur place avec son amante et c'est sur les hauteurs du val que l'on découvre le rocher des Faux Amants, figurant ce couple de pierre condamné à passer l'éternité assis l'un à côté de l'autre sans pouvoir se toucher.

Plus loin, entre profonde respiration et inspiration, j'aime faire une pause devant l'Arbre d'or, une œuvre créée par François Davin, que j'ai bien connu en mon adolescence trégasteloise, après le grand incendie de 1990 qui ravagea plus de 400 hectares de végétation. Entouré d'arbres calcinés, il symbolise à la fois la renaissance et la valeur de la forêt, mais aussi sa fragilité. Juste à côté se trouve l'étang du Miroir aux Fées, où se reflètent les arbres et les nuages. Un endroit très paisible qui serait la demeure de sept fées et où je me sens toujours chez moi. On a toujours besoin de mirages pour réenchanter nos vies.

Jamais je n'oublierai

Jamais je n'oublierai le regard émerveillé de l'enfant que j'étais, que je reste, fidèle à « l'esprit d'enfance » si cher à Bernanos, lors de mes retrouvailles estivales avec l'océan de Bretagne, multiple et singulier.

Jamais je n'oublierai la douleur meurtrie des plages souillées par les drames du *Torrey Canyon* de l'*Amoco Cadiz* et de l'*Olympic Bravery*, du *Tanio* ou de l'*Erika*.

Jamais je n'oublierai la morsure froide de l'océan à l'heure du premier bain, dans l'aurore naissante.

Jamais je n'oublierai le fracas des vagues éclaboussant la roche, à Saint-Malo, le long de la plage du Sillon.

Jamais je n'oublierai le goût du kouign amann de Thierry Breton, qui irradie de plaisir beurré le palais.

Jamais je n'oublierai que la Bretagne, c'est bien plus que la Bretagne. Dans la lignée de cette vérité apocryphe : « Le silence après Mozart, c'est encore du Mozart. » Si certains irréductibles, sont persuadés que la Bretagne s'arrête à Landerneau, je ne peux être en accord avec eux. Née à Nantes, ma mère était bretonne.

Jamais je n'oublierai le mélange de peur et de fascination qu'exerçait sur moi l'Ankou, cette représentation bretonne de la mort, que Prosper Mérimée avait baptisée « le spectre hurleur ».

Jamais je n'oublierai que je suis né à la littérature avec les poèmes que mon grand-père, Jean d'Arvor, qui aimait tant la Bretagne, me lisait. Ces vers, notamment, de Charles Le Goffic :

> « La mer du Trégor, féerie éternelle
> Dont tu caressais tes yeux chaque été
> Ici tu seras encor tout près d'elle
> Près d'elle, mon cœur, pour l'éternité. »

Jamais je n'oublierai ce qu'ont apporté à mon goût de l'art Mathurin Méheut, Maurice Denis, Henri Rivière, Georges Sabbagh et les autres. Sans oublier, bien sûr, l'école de Pont-Aven, si variée dans ses inspirations, incarnée notamment par Paul Sérusier, Émile Bernard, Paul-Émile Colin et, plus que tout autre autre, Paul Gauguin qui écrivait à un de ses amis : « J'aime la Bretagne, j'y trouve le sauvage, le primitif. Quand mes sabots résonnent sur ce sol de granit, j'entends le son sourd, mat et puissant que je cherche en peinture. » Tous ont oeuvré à mon éducation picturale.

Jamais je n'oublierai que la Bretagne est une terre de fêtes où l'on aime s'amuser, rire, danser, chanter, trinquer et célébrer la beauté. Et chaque ville, chaque village, possède sa fête qu'il me plaît de psalmodier telle une suite de mots de passe : le Festival interceltique de Lorient, les Filets bleus à Concarneau, les Étonnants Voyageurs à Saint-Malo, les Vieilles charrues à Carhaix, Art Rock à Saint-Brieuc, les Temps fêtes à Douarnenez, la Fête des remparts à Dinan, les Jeudis du port à Brest, les Fêtes d'Arvor à Vannes, les 24 heures de la voile à Trégastel, la Route du Rock à Saint-Malo, la Fête du cheval à Loudéac, la Fête de l'huître à Locqmariaquer, les Huîtres en fête à Cancale, la Fête de l'oignon à

Roscoff, le Carnaval des Gras à Douarnenez, la Fête de l'andouille à Guéméné. Et tant d'autres…

Jamais je n'oublierai que, des Chouans aux Bonnets rouges, la Bretagne est terre de frondeurs, toujours vent debout face aux pouvoirs en place.

Jamais je n'oublierai que, sur les murs des écoles communales, il a longtemps été possible de lire ces règles de vie destinées aux élèves :

« Il est défendu :

1. De parler breton et de cracher par terre ;
2. De mouiller ses doigts dans sa bouche pour tourner les pages des livres et des cahiers ;
3. D'introduire dans son oreille le bout d'un porte-plume ou d'un crayon ;
4. D'essuyer les ardoises en crachant dessus ou en y portant directement la langue ;
5. De tenir dans sa bouche les porte-plumes, les crayons, les pièces de monnaie, etc. »

Ultimes précisions d'une autre époque, qui aujourd'hui font sourire : « Voulez-vous savoir maintenant pourquoi ces défenses vous sont faites ? Demandez-le à vos maîtres qui vous donneront les explications nécessaires. Souvenez-vous enfin que vous ne devez pas seulement obéir vous-mêmes à ces prescriptions, mais que vous avez encore le devoir de les faire connaître à tout le monde. »

Jamais je n'oublierai que, en Bretagne, il ne pleut que sur ceux qui le veulent bien et que, ici, le ciel a des teintes pastel qui n'existent nulle part ailleurs.

Jamais je n'oublierai que j'ai longtemps cru que tous les saints étaient bretons : saint Malo, saint Guirec, saint Brieuc, saint Tugdual, saint Corentin, saint Herbot, saint Thégonnec, saint Trémeur… sans oublier les saintes : sainte Noyale, sainte Gwenn, sainte Barbe, sainte Charlotte, que j'ai toujours imaginée en danseuse à la blondeur sauvageonne, matadorant l'écume de ses arabesques, et bien sûr sainte-Anne, la mère de la vierge Marie, surnommée « la grand-mère des Bretons », à qui l'on doit cette devise : « Mort ou vivant, à Sainte Anne, une fois, doit aller tout Breton. »

Jamais je n'oublierai que la Bretagne vit en moi, à chaque instant, tel un film d'aventure, tel un roman d'amour. Le plus beau des films. Le plus beau des romans.

Jamais je n'oublierai que la Bretagne habite mes yeux, mon souffle, ma peau, mon sang, et chacun des battements de mon cœur.

Jamais je n'oublierai que la Bretagne, depuis ma plus tendre enfance, est le beau souci de ma vie.

Table

Suite du même auteur

Récits

Nostalgie des choses perdues, L'Archipel, 2014 ; Archipoche, 2019.
Seules les traces font rêver, Robert Laffont, 2013.
L'Expression des sentiments, Stock, 2011.
Tenir et se tenir, Presses de la Renaissance, 2010.
À demain ! En chemin vers ma liberté, Fayard, 2008.
Aimer c'est agir, Fayard, 2007.
Frères et Sœur, Fayard, 2007.
Confessions, Fayard, 2005.
Elle n'était pas d'ici, Albin Michel, 1995.
Lettres à l'absente, Albin Michel, 1993.
L'Homme d'image, Flammarion, 1992.
Les Femmes de ma vie, Grasset, 1988.

Essais

Secrets d'enfance, L'Archipel, 2019.
Les 100 mots de la Bretagne, PUF, 2012.
La Bretagne vue par Patrick Poivre d'Arvor, Hugo Image, 2010.
Les Rats de garde (avec Éric Zemmour), Stock, 2000.
Lettre ouverte aux violeurs de vie privée, Albin Michel, 1997.
Rencontres, Lattès, 1987.
Mai 68-mai 78, Seghers, 1978.

Biographies

Héros des mers (avec Olivier Poivre d'Arvor), Place des Victoires, 2017.
Saint Exupéry, le cartable aux souvenirs, Michel Lafon, 2016.
Hemingway, la vie jusqu'à l'excès, Arthaud, 2011.
Lawrence d'Arabie (avec Olivier Poivre d'Arvor), J'ai Lu-images, 2009.
Horizons lointains, Éditions du Toucan, 2008.
Le Monde selon Jules Verne (avec Olivier Poivre d'Arvor), Mengès, 2005.
Rêveurs des mers (avec Olivier Poivre d'Arvor), Mengès, 2005.
La Légende de Mermoz et de Saint Exupéry (avec Olivier Poivre d'Arvor), Mengès, 2004.

IMPRIM'VERT®

Achevé d'imprimer sur Roto-Page
par l'Imprimerie Floch à Mayenne
en septembre 2020
N° d'imprimeur : 96760
Dépôt légal : octobre 2020
Imprimé en France